中南财经政法大学出版基金资助出版

中南财经政法大学
青 年 学 术 文 库

人口流动对我国居民社会信任的影响研究

朱明宝　著

WUHAN UNIVERSITY PRESS
武汉大学出版社

图书在版编目(CIP)数据

人口流动对我国居民社会信任的影响研究/朱明宝著.—武汉:武汉大学出版社,2021.11
中南财经政法大学青年学术文库
ISBN 978-7-307-22695-1

Ⅰ.人⋯ Ⅱ.朱⋯ Ⅲ.人口流动—影响—社会关系—研究—中国—现代 Ⅳ.①C924.24 ②D668

中国版本图书馆 CIP 数据核字(2021)第 220637 号

责任编辑:蒋培卓 责任校对:李孟潇 版式设计:马 佳

出版发行:**武汉大学出版社** (430072 武昌 珞珈山)
(电子邮箱:cbs22@whu.edu.cn 网址:www.wdp.com.cn)
印刷:湖北金海印务有限公司
开本:787×1092 1/16 印张:10.25 字数:237 千字 插页:2
版次:2021 年 11 月第 1 版 2021 年 11 月第 1 次印刷
ISBN 978-7-307-22695-1 定价:52.00 元

前　言

在经济转型期，我国取得了巨大经济成就的同时，居民的社会信任水平却不容乐观。同时，自 20 世纪 80 年代以来，随着我国户籍制度的松动、改革开放的深入以及市场经济的发展，我国流动人口增长迅速、规模庞大，出现了前所未有、波澜壮阔的人口流动景象。据统计，1982 年我国流动人口规模为 657 万人，而 2020 年这一数量达到 3.76 亿人，流动人口占总人口数的比例超过四分之一，"流动中国"已经成为我国重要社会特征。那么人口流动对我国居民的社会信任水平会产生怎样的影响？目前关于这一问题的研究文献还比较匮乏。因此，对此问题的探讨有助于深入认识我国居民社会信任水平背后的影响机制，这对提高经济运行效率、增加社会福利、促进社会融合都具有重要的理论意义和现实意义。

本书是关于人口流动与社会信任关系的理论研究和实证研究，遵循着"观察现象—提出问题—分析问题"的思路，首先提出从人口流动的视角考察其对社会信任的影响，然后基于相关的理论基础构建一个人口流动影响社会信任的分析框架并提出研究假说，接着使用 2005 年和 2015 年中国综合社会调查数据（CGSS）、2005 年和 2015 年各省（市、自治区）1% 人口抽样调查资料、2005 年全国 1% 人口抽样调查微观数据库等数据，采用稳健标准误差下的 Ordered Probit 模型和工具变量估计进行实证回归和检验。总体来看，本书可以分为五个部分：

第一部分是第一章绪论，为全书的纲领。阐述了本书的研究背景、研究问题和研究意义，介绍了本书使用的数据和方法，论述了本书中使用的核心概念，最后阐述了研究思路、研究内容和本书的创新点。

第二部分是第二三章，为全书的理论基础。第二章梳理了国内外人口流动与社会信任的相关文献，特别是人口流动的影响效应、社会信任影响因素以及人口流动与社会信任关系的相关研究。第三章回顾了人口流动相关理论和社会信任相关理论，并对人口流动影响社会信任的机制进行了论述。

第三部分是第四章，为描述性分析。对我国人口流动的政策背景、人口流动的现状和变化趋势，我国居民社会信任的现状和变化趋势，以及人口流动与社会信任的作用关系进行了梳理和描述统计。

第四部分是第五到第八章，为计量分析。具体从四个方面展开：第五章实证研究了一个地区的人口流动性对该地区居民社会信任的影响。由于一个地区的人口流动性往往是该地区外来人口、人口外流、内部人口流动等人口流动行为综合作用的结果，那么外来人口和人口外流对居民社会信任的影响可能不同于人口流动性的影响，因此本书分别在第六章和第七章进一步探讨了外来人口对流入地居民社会信任的影响、人口外流对流出地居民社会信任的影响。此外，个体的流动也可能影响到流动者自身的社会信任水平，因此在第八章进一步探讨了个体的流动状态对其社会信任的影响。从这四章的逻辑关系来看，第五章对人口流动与社会信任关系做一个综合分析，第六、第七、第八章深化了这一分析。

第五部分是第九章。主要介绍了本书的主要结论并基于本书的结论提出了相应的对策建议，最后指出了本书研究的不足以及未来研究的方向。

通过理论和实证分析，本书得到以下主要结论：

第一，一个地区的人口流动性对该地区居民的社会信任产生了先抑制后促进的 U 型影响，U 型曲线拐点处人口流动性在 27.80% 左右。在考虑了内生性以及更换计量方法、调整到省级层面等稳健性检验后，这一基本结论不变。异质性分析发现，一个地区的人口流动性对该地区相对年轻、文化程度相对较低、体制外就业和户籍居民的社会信任具有显著的 U 型影响，但对相对年长、文化程度相对较高、体制内就业和流动人口不具有统计显著影响。

第二，外来人口占比对流入地居民的社会信任水平也产生了先抑制后促进的 U 型影响，U 型曲线拐点处外来人口占比大约为 14.84%。在工具变量估计以及变换外来人口指标、更换样本数据等稳健性检验后，这一基本结论依然成立。进一步分析发现，外来人口对流入地相对年轻、文化程度相对较低和体制外就业居民的社会信任水平具有显著的 U 型影响，而这一影响在相对年长、受教育程度相对较高和体制内就业的居民中没有得到实证证据支持。

第三，人口外流比重与流出地居民的社会信任水平呈 U 型关系，U 型曲线拐点处人口外流比重在 7.66% 左右。在工具变量估计以及变换人口外流指标、更换样本数据等稳健性检验后，这一基本结论依然成立。进一步分析发现，一个地区的人口外流对该地区文化程度相对较低、农村居民具有显著的 U 型影响，而对文化程度相对较高、城镇居民没有统计显著的影响。此外，年龄相对较大的居民，U 型曲线的拐点更大。

第四，个体是否流动、县内跨乡和跨县流动、流动到城市对流动者自身社会信任水平都不具有统计显著的影响，而流动到农村显著降低了流动者的社会信任水平。此外，对于文化程度相对较高的居民而言，个体的流动提高了他们的社会信任，而对文化程度相对较低的居民而言，个体的流动降低了他们的社会信任。在公共服务水平相对较好的地区，个体的流动提高了流动者的社会信任，而在公共服务水平相对较差的地区，作用则相反。

本书的主要创新点在于：（1）以往国内外文献关于人口流动与社会信任关系的研究还比较匮乏，本书对此进行了探索性研究。在研究内容上，本书分析了人口流动对居民社会信任的影响，并在此基础上进一步分析了外来人口对流入地居民社会信任的影响、人口外流对流出地居民社会信任的影响和个体的流动对流动者自身社会信任的影响，并且在分析个体流动对流动者自身社会信任影响时，从个体是否流动、流动范围和流动地点三个维度展开，使得研究较为系统化。本书在内容上拓展了已有的研究，相对已有研究有所推进。在研究结论上，本书揭示了人口流动对社会信任产生 U 型影响的作用规律。吕炜等（2017）探讨了两者的关系，发现人口流动降低了社会信任，可能他们没有考虑到人口流动作用的动态变化。(2) 构建了一个人口流动影响社会信任的分析框架,拓展了现有关于人口流动影响社会信任的机制分析。(3) 已有的研究是在国家层面或省级层面上,本书把研究视角锁定在地级市层面上,相对国家或省级层面,本书使得研究对象更有代表性和针对性,相对现有研究是一个新的有益尝试。(4) 丰富了人口流动的社会经济效应研究,有助于人们从社会信任的视角来理解人口流动影响经济发展的机制以及观察它给社会带来的影响。同时,社会信任作为一种非正式制度,本书的研究对促进这种非正式制度的建立和稳固具有一定的启示,也有助于丰富非正式制度领域的研究。(5) 考虑到内生性问题可能造成的估计偏误,本书寻找了工具变量,选择"单位耕地面积农业机械总动力"作为人口流动性和人口外流比重的工具变量,"市辖区行政区域土地面积"作为外来人口占比的工具变量,克服了可能存在的内生性问题,使得结论更为稳健。这两个工具变量是目前这类问题研究中尚没有使用过的,是对已有研究的一个补充。

目　　录

第一章 导 论

第一节 研究背景与意义

一、研究背景与问题提出

（一）社会信任的作用及我国社会信任水平状况

"信任"被普遍认为是除物质资本和人力资本之外决定一个国家经济增长和社会进步的重要社会资本（Knack 和 Keefer，1997；张维迎、柯荣住，2002），社会信任作为信任的一个重要方面，它具有多方面的作用：不管是对宏观上的经济发展（Zak 和 Knack，2001；Beugelsdijk，2004；崔巍、陈琨，2016）、经济繁荣（Fukuyama，1995）、社会运行效率（Delhey 和 Newton，2003）、社会福利（Bjørnskov，2003），还是对微观上个体的健康（Rose，2000；朱慧劼、姚兆余，2015）、幸福感（Helliwell，2007；Kuroki，2011；袁正、夏波，2012；刘明明，2016）、创业（周广肃等，2015）、合作（陈叶烽等，2010）、消费（冯春阳，2017）都具有显著的积极作用。

然而，我国在经济上取得了巨大成就的同时，在城市化、市场化的转型过程中，暴露出了诚信缺失、信任危机等社会问题。近年来我国居民的社会信任水平不尽如人意（邹育根，2010；李彬等，2015）。中国社会科学院发布的《中国社会心态研究报告（2016）》指出，仅有约 1/3 的受访者认为社会上大多数人可信，有将近四成的受访者认为社会上大多数人不可信。一项基于全国大样本分层抽样和深度访谈的调查显示，社会转型时期，中国社会处于低信任水平，并且对未来社会信任的预期比较悲观（朱虹，2011）。此外，群体间的不信任程度也在不断加深和固化，已经形成了恶性循环（王俊秀、杨宜音，2013）。

（二）城市化背景下，人口流动规模庞大且对社会经济产生了深远影响

改革开放以来，我国人口的活跃程度迅速提高（杨云彦，1996），进入 21 世纪以来，随着我国城市化进程的加快和经济社会的迅猛发展，我国人口流动规模不断扩大，这成为我国重要社会经济特征之一。2020 年第七次人口普查数据显示，人户分离人口达到了49276 万人，其中市辖区内人户分离的人口约为 11695 万人，流动人口约为 37582 万人。

与 2010 年第六次全国人口普查相比，人户分离人口增加 23138 万人，增长 88.52%；市辖区内人户分离人口增加 7699 万人，增长 192.66%；流动人口增加 15439 万人，增长 69.73%。[①]

毋庸置疑，我国人口流动给社会经济产生了重要影响。目前学者们从多个方面研究了影响我国社会信任水平的因素，包括高等教育（黄健、邓燕华，2012）、公共资源（史宇鹏、李新荣，2016）、收入差距（申广军、张川川，2016）、方言（黄玖立、刘畅，2017）等，但是人口流动作为我国当前重要的社会经济特征之一，影响深远，从人口流动的视角分析其对我国居民社会信任水平影响的文献还比较匮乏，本书则尝试从这一视角进行探索性分析。

二、研究意义

（一）理论意义

第一，现有文献考察了人口流动对社会经济的影响效应，但并没有揭示人口流动影响经济绩效的机制，社会信任作为一种重要的社会资本，本书则从社会信任这一渠道提供了关于人口流动影响社会经济的微观证据。

第二，以往的研究从多个角度考察了对我国社会信任水平的影响，但是从我国当前正在发生的人口流动进行研究的文献还不多，本书正是基于该视角探讨其对社会信任的影响，尝试为我国社会信任水平的决定机理提供一种思路，丰富了现有关于我国社会信任水平影响因素的研究。同时社会信任还作为一种非正式制度，丰富了非正式制度领域的研究。以往关于人口流动影响效应的研究忽略了社会信任这一方面，本书也是对现有关于人口流动影响效应研究的拓展。本书使得以往这两个割裂的内容联系起来，对促进人口流动和社会信任两大领域的交叉融合具有重要的理论价值。

（二）现实意义

第一，党的十九大报告中指出要"打造共建共治共享的社会治理格局。加强社会治理制度建设，完善党委领导、政府负责、社会协同、公众参与、法治保障的社会治理体制，提高社会治理社会化、法治化、智能化、专业化水平"。本书的研究有助于更全面地认识我国人口流动影响下的社会信任现状，进而为提高我国居民社会信任水平提供经验支持，同时也有助于推进社会治理，促进社会和谐。

第二，在正处于经济和社会转型期的中国，社会信任对提高经济运行效率、提高居民幸福感、增加福利水平、促进社会融合有着积极意义。

第三，在正式制度（比如法律）尚不健全的社会环境之下，社会信任作为一种非正式制度在经济活动中扮演着重要的角色，对正式制度形成了有益补充，对推动社会信任这

---

① 数据来自国家统计局发布的《第七次全国人口普查主要数据公报》。

种非正式制度建设也是有益的。

第二节　重要概念界定

一、人口流动

人口流动是我国户籍制度背景下衍生的特定概念，在国外并没有这一概念，国外称为人口迁移。关于人口迁移的定义，国际人口科学研究联合会（IUSSP）组织编写的《多种语言人口学辞典》中指出它是"在一个地区单位同另一个地区单位之间进行的地区移动或者空间移动的一种形式，通常它包括了从原住地或迁出地迁到目的地或迁入地的永久性住地变动"（IUSSP，1982），发生人口迁移活动的人则是迁移人口。由于我国户籍制度的存在，可按照"户口登记地的改变与否"把人口在空间上的变动分为人口迁移和人口流动两种，人口迁移是户口登记地发生变动的人口常住地改变，人口流动是指户口登记地没有发生变动的人口常住地改变，相应地将发生这两种行为的人口称为迁移人口和流动人口（段成荣、2006）。本书所指的人口流动包括了户籍发生变化的人口迁移和户籍没有变化的人口流动。但在实证分析中，限于数据的可得性，回归中的人口流动是主要指户籍没有发生变化的人口流动。

与人口流动相对应的主体为流动人口，关于流动人口的更加细致概念，目前尚无明确、准确和统一的定义，按照目前人口普查中的统计口径，"流动人口"是指人户分离人口中不包括市辖区内人户分离的人口；其中"人户分离的人口"是指居住地与户口登记地所在的乡镇街道不一致且离开户口登记地半年及以上的人口；"市辖区内人户分离的人口"是指一个直辖市或地级市所辖区内和区与区之间，居住地和户口登记地不在同一乡镇街道的人口。

在人口流动类型的划分上，按照流动范围，可以分为"县内跨乡、市内跨县、省内跨市和跨省流动"等；按照流动原因，可分为"工作就业、学习培训、随同迁移、拆迁搬家、寄挂户口、婚姻嫁娶"等；按照流动地点，可分为"流动到农村和流动到城市"。

二、社会信任

信任作为社会科学中一个很重要的问题，受到了学术界的广泛关注。信任是指将风险暴露给他人，相信他人的行为不会伤害到自己的一种意愿（Hosmer，1995）；或者说在存在不确定性的情况下，对其他经济行为者合作行动的乐观预期（Luo，2005）。美国经济学家阿罗（1974）指出："信任是经济交易的润滑剂，世界上很多经济落后可以通过缺少信任来解释。"英国经济学家希克斯（1976）指出："信任是很多经济交易所必需的公共品德（public good），没有信任经济交易将不会发生。"美国著名学者福山也指出："社会成员之间的信任乃是文化对经济的影响途径和表现形式，它会直接影响甚至决定经济效益。"

关于信任的分类，学者们也进行了探讨。韦伯根据信任对象把信任区分为"特殊信任"（particularistic trust）和"普遍信任"（universalistic trust），前者是指以血缘性社区为基础，建立在私人关系和家庭或准家族关系之上的信任，比如家人、朋友；后者是指以信仰共同体为基础，建立在非指定人群中或陌生人关系之上的信任。还有学者指出，对熟人的特殊信任可以转化为对陌生人的普遍信任（陈捷等，2011）。类似的分类还有尤斯拉纳，他把信任划分为两类：对认识的人的信任是"策略性信任"（strategic trust），对陌生人的信任是"道德性信任"（moralistic trust）。道德性信任反映的是一种人生态度，其基础是对世界的乐观态度，而不是与人打交道的经验。根据信任产生来源的差异，德国社会学家卢曼把信任分为人际信任和制度信任，前者是建立在熟悉度及人际感情联系基础之上，后者是依赖社会制度规范、法制法规保障和约束力的信任。根据经济行为者的不同性质，Newton（1999）把信任划分为个人间的信任和对公共机构的信任。对于个人间的信任，Durlauf 和 Fafchamps（2004）根据其产生机制的不同，又进一步将其划分为个人化信任（personalized trust）和一般化信任（generalized trust），前者是那些来自反复多次的人际交往的信任，即对认识的人的信任；后者是那些基于对象群体的构成、动机、教养等一般性知识产生的信任，即对陌生人或者社会上大多数人的信任，也即为本书研究的社会信任。相对于个人化信任，学者更为强调社会信任对社会和经济生活的重要作用（Zak 和 Knack，2001；Uslaner 和 Brown，2005），本书研究的正是这类信任。

三、外来人口

关于外来人口的定义，学术界目前没有一个统一的口径。李若建（2003）把外来人口定义为"居住本地、户口不在本县或者本市市区、离开户口所在地半年以上的人口"。吴忠民（2003）在他的研究中把外来人口定义为"那些已经发生迁移但还没有改变户籍所在地的人口"。乔晓春（2013）把"居住本乡镇街道半年以上，户口在外乡镇街道和在本乡镇街道居住不满半年，离开户口登记地半年"的人口称为外来人口。还有学者把外来人口定义为"常住人口和户籍人口之差"（白先春、凌亢，2012；年猛、王垚，2016）。

由于本书分析的单位是在地级市层面上（除了直辖市是在省级层面），因此本书把外来人口定义为"户口登记地不在本市但居住在本市范围内的人口"，这一界定与陆铭等（2014）、李嘉楠等（2017）研究的外来人口相同。

四、人口外流

目前学者们对人口外流现象给予了关注（李若建，2004；劳昕、沈体雁、张远，2017），但没有发现现有文献有专门对人口外流进行定义。结合本书研究的特点，由于分析的单位是地级市（除了直辖市是在省级层面），本书的人口外流是指"户口登记地在本市，但居住地不在本市、流动到本市以外其他地区的人口"。

第三节　研究方法与研究数据

一、研究方法

本书将基于中国综合社会调查数据（CGSS）、2005 年各省（市、自治区）1%人口抽样资料、2005 年全国 1%人口抽样调查微观数据库、各省（市、自治区）统计年鉴等数据资料，以经济学、人口学、统计学等相关学科的理论观点和工具方法为基础，通过文献研究、描述统计和微观计量分析方法展开研究。具体研究方法包括：

（一）文献研究法

基于国内外已有的文献，分析哪些因素影响社会信任以及社会信任有哪些影响效应；分析人口流动会产生哪些效应以及什么因素会影响人口流动；回顾人口流动与社会信任关系的相关研究，通过总结已有的文献找出本书的贡献之处。

（二）比较分析法

在描述性分析中，比较分析不同年份人口流动的变化和社会信任水平的变化趋势；在实证研究中，比较分析人口流动对不同年龄段、不同文化程度等人群社会信任影响的差异。

（三）微观计量分析法

基于 2005 年和 2015 年各省（市、自治区）1%人口抽样调查资料、2005 年和 2015 年中国综合社会调查数据（CGSS2005）、2005 年全国 1%人口抽样调查微观数据库以及 2015 年中国社会状况综合调查（CSS2015），运用 Oprobit 模型、Ologit 模型等实证分析方法，研究人口流动对社会信任的影响。

二、研究数据

（一）1982—2015 年历年人口普查数据、1987 年、2005 年和 2015 年各省（市、自治区）1%人口抽样调查资料、2005 年全国 1%人口抽样调查微观数据库

这部分数据具体包括了 1982 年、1990 年、2000 年和 2010 年共四次全国人口普查数据，1987 年、2005 年和 2015 年各省（市、自治区）1%人口抽样调查资料，2005 年全国 1%人口抽样调查微观数据，其中 2005 年 1%人口抽样调查微观数据是从 2005 年全国 1%人口抽样调查原始数据中随机抽取的一个样本量为 2585481 的子样本。

（二）2005 年和 2015 年中国综合社会调查数据（CGSS2005、CGSS2015）

中国综合社会调查数据（China General Social Survey，简称 CGSS）是由中国人民大学

社会学系与香港科技大学社会调查中心联合组织实施，从 2003—2015 年已经开展了 10 次调查。调查内容涉及家庭、人口流动与迁移、收入与消费、社会信任等问题，根据研究需要，本书主要利用了 2005 年和 2015 年的调查数据进行研究分析。

（三）2015 年中国社会状况综合调查（CSS2015）

中国社会状况综合调查（Chinese Social Survey，简称 CSS）是中国社会科学院社会学研究所于 2005 年发起的一项全国范围内的大型连续性抽样调查项目，目的是通过对全国公众的劳动就业、家庭及社会生活、社会态度等方面的长期纵贯调查，来获取转型时期中国社会变迁的数据资料。

该调查是双年度的纵贯调查，采用概率抽样的入户访问方式，调查区域覆盖了全国 31 个省/直辖市/自治区，包括了 151 个区市县，604 个村/居委会，每次调查访问 7000 到 10000 余个家庭。此调查有助于获取转型时期中国社会变迁的数据资料，其研究结果可推论全国年满 18—69 周岁的住户人口。本书利用了 2015 年的调查数据进行分析。

（四）2010 年和 2015 年全国流动人口动态监测调查数据

全国流动人口动态监测调查是由国家卫计委（原国家计生委）从 2010 年上半年开始实施的针对流动人口动态监测的年度调查项目。每年调查都覆盖了全国 31 个省（市、自治区）和新疆建设兵团，调查对象是流入地居住一个月以上，非本区（县、市）户口 15—59 周岁流动人口，调查采取了分层、多阶段、与规模成比例抽样相结合的方法。调查内容涉及流动人口基本特征、就业与收入、基本公共服务、社会融合等信息，根据分析的需要，本书使用了 2010 年和 2015 年的调查数据。

第四节　研究思路与研究内容

一、研究思路

本书主要尝试在城市化背景下人口流动对我国居民社会信任的影响进行探讨，具体而言，主要研究思路如下：

第一，在总结已有的理论基础上，分析人口流动影响居民的社会信任水平的可能机制，进而提出研究假设并利用实证分析加以检验。

第二，利用人口流动数据和 CGSS 数据，描述分析我国人口流动的现状和变动趋势、我国居民社会信任水平的现状和变化趋势以及两者的作用关系。

第三，计量分析部分，首先从总体上分析人口流动对居民社会信任的影响效应，然后再对人口流动进行细分：分别探讨外来人口对流入地居民社会信任的影响、人口外流对流出地居民社会信任的影响、人口流动对流动者自身社会信任的影响。

第四，总结已有的分析并提出相关的政策建议。

二、研究内容

本书研究内容主要包括以下部分：

第一章是导论。主要介绍研究的背景，研究的理论和现实意义，研究方法、数据和概念界定，研究思路和研究内容，研究的创新点。

第二章是文献综述。主要包括四个部分：一是回顾社会信任的影响效应及影响因素；二是回顾人口流动的影响效应及人口流动的影响因素；三是回顾了人口流动与社会信任关系的研究文献；四是对现有研究进行简要述评。

第三章是理论基础和分析框架。理论基础包括了人口流动的代表性理论，如推拉理论、刘易斯模型、托达罗模型；社会信任的代表性理论，如社会互动理论、社会认同理论。然后对人口流动影响社会信任的机制进行分析。

第四章是中国人口流动与社会信任水平的现状、趋势及作用关系。本章先梳理了我国人口流动的政策背景、描述了人口流动现状和变化趋势；再对我国居民社会信任水平的现状和变化趋势进行描述性分析，最后以散点图的形式描述两者之间的作用关系。

第五章是人口流动对居民社会信任的影响。利用2005年各省（市、自治区）1%人口抽样调查资料和2005年中国综合社会调查数据，在地级市层面上，研究了一个地区的人口流动性对该地区居民社会信任水平的影响。然后进行了内生性处理和一系列稳健性检验。在内生性的处理上，选择单位耕地面积农业机械总动力作为工具变量。最后进一步研究了上述影响效应的异质性，具体考察了人口流动影响社会信任的个体差异。

第六章是外来人口对流入地居民社会信任的影响。在地级市层面，研究了一个地区外来人口占比对该地区居民社会信任的影响。然后进行了稳健性和内生性检验。在内生性的处理上，选择市辖区行政区域面积作为工具变量。最后对外来人口影响效应的异质性进行分析。

第七章是人口外流对流出地居民社会信任的影响。同样是在地级市层面上，首先研究了人口外流比重对流出地居民社会信任的影响。然后进行了内生性处理和稳健性分析。在内生性的处理上，选择单位耕地面积的农业机械总动力作为工具变量。最后对人口外流影响效应的异质性进行分析。

第八章是人口流动对流动者自身社会信任的影响。分析个体是否流动、流动范围（分为县内跨乡和跨县流动）、流动地点（流动到农村还是流动到城市）三个维度下的流动对流动者自身社会信任的影响。最后还考察了不同流动状态下的异质性。

第九章是本书的主要结论和对策建议。总结了研究得出的主要结论并基于结论提出了相关的政策建议，最后指出了本书存在的不足之处和未来进一步研究的方向。

本书的研究框架图如下：

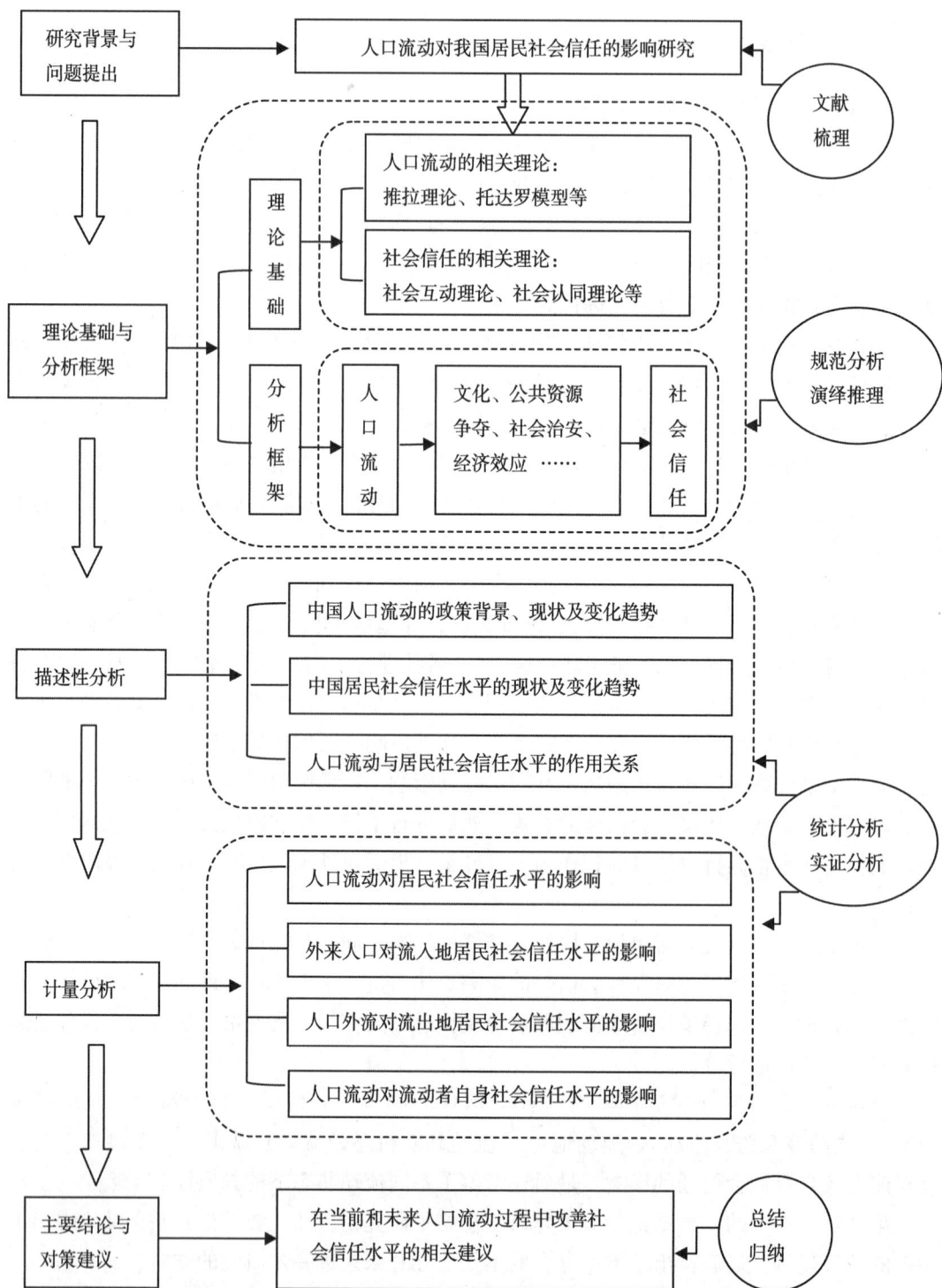

研究背景与问题提出 → 人口流动对我国居民社会信任的影响研究

文献梳理

理论基础

人口流动的相关理论：推拉理论、托达罗模型等

社会信任的相关理论：社会互动理论、社会认同理论等

理论基础与分析框架

规范分析演绎推理

分析框架

人口流动 → 文化、公共资源争夺、社会治安、经济效应…… → 社会信任

描述性分析

中国人口流动的政策背景、现状及变化趋势

中国居民社会信任水平的现状及变化趋势

人口流动与居民社会信任水平的作用关系

统计分析实证分析

计量分析

人口流动对居民社会信任水平的影响

外来人口对流入地居民社会信任水平的影响

人口外流对流出地居民社会信任水平的影响

人口流动对流动者自身社会信任水平的影响

主要结论与对策建议 → 在当前和未来人口流动过程中改善社会信任水平的相关建议

总结归纳

第五节　本研究的创新点

本书可能的创新之处：

第一，以往国内外文献关于人口流动与社会信任关系的研究还比较匮乏，本书对此进行了探索性研究。在研究内容上，本书分析了人口流动对居民社会信任的影响，并在此基础上进一步分析了外来人口对流入地居民社会信任的影响、人口外流对流出地居民社会信任的影响和个体的流动对流动者自身社会信任的影响，并且在分析个体流动对流动者自身社会信任影响时，从个体是否流动、流动范围和流动地点三个维度展开，使得研究较为系统化。本书在内容上拓展了已有的研究，相对以往研究有所推进。在研究结论上，本书揭示了人口流动对社会信任产生 U 型影响的作用规律；具体来说，不管是一个地区的人口流动性、还是外来人口占比，抑或人口外流比重，发现它们与居民社会信任水平都呈 U 型关系。吕炜等（2017）也探讨了两者之间的关系，但他们发现人口流动降低了社会信任，可能他们没有考虑到人口流动作用的动态变化。

第二，构建了一个人口流动影响社会信任的分析框架，拓展了现有关于人口流动影响社会信任的机制分析。

第三，已有的研究是在省级层面上展开的，本书把研究视角锁定在地级市层面上，有助于考虑省级内部人口流动的差异性，使得研究更精细化，相对现有研究是一个新的有益尝试。

第四，丰富了人口流动的社会经济效应研究，有助于从社会信任的视角来理解人口流动影响经济发展的机制以及观察它给社会带来的影响。同时，社会信任作为一种非正式制度，本书的研究对促进这种非正式制度的建立和稳固具有一定的启示，也有助于丰富非正式制度领域的研究。

第五，考虑到内生性问题可能带来的估计偏误，本书的研究寻找了工具变量，选择"单位耕地面积农业机械总动力"作为人口流动性和人口外流比重的工具变量，"市辖区行政区域土地面积"作为外来人口占比的工具变量，克服了可能存在的内生性问题，使得结论更为稳健。这两个工具变量是目前这类问题研究中尚没有使用过的，是对已有研究的一个补充。

第二章 文献综述

由于社会信任对社会经济发展的重要作用，社会信任一直受到了学术界的广泛关注。与此同时，随着户籍制度的松动、改革开放的深入以及城镇化的发展，我国人口流动自20世纪80年代以来，流动规模不断扩大，目前已经形成了蔚为壮观的景象。结合本书研究的问题，本章将就以下三个方面的文献进行梳理：一是关于社会信任的相关研究，二是关于人口流动的相关研究，三是人口流动与社会信任关系的相关研究。最后对已有文献进行简要的评述。

第一节　社会信任的相关研究

社会信任的重要作用体现在哪些方面？什么因素影响了居民的社会信任水平？本节将就社会信任影响效应和影响因素的文献进行梳理。

一、社会信任的影响效应研究

现有研究表明，社会信任对宏观上的经济增长、经济繁荣、社会福利，微观上个体的幸福感、生活满意度、健康、行为意愿等方面都具有显著影响。

在宏观影响方面，Knack 和 Keefer（1997）、Beugelsdijk（2004）、Algan 和 Cahuc（2010）以及崔巍、陈琨（2016）的研究都发现社会信任对经济增长具有推动作用；Fukuyama（1995）发现社会信任能够促进经济繁荣。除此之外，社会信任在增进社会福利（Helliwell，2002）、抑制腐败（Uslaner，2002）方面也具有重要积极作用。

在微观影响方面，学者也进行了广泛研究。社会信任对个体的幸福感、生活满意度、健康具有重要影响。彭代彦和闫静（2014）基于世界价值观调查（WVS）中国部分的数据发现，社会信任感显著提高了个人生活满意度。Helliwell（2007）、Tokuda 等（2010）、Kuroki（2011）的研究表明，社会信任对个体主观幸福感具有显著的促进作用，国内学者袁正、夏波（2012），刘明明（2016）也有相同的发现。此外，Rose（2000）、朱慧劼、姚兆余（2015）还发现了社会信任在改善个体健康方面的积极效应。

在行为意愿方面，Lederman 等（2002）发现社会信任能有效降低犯罪行为的发生。高虹、陆铭（2010）基于农村调查数据的实证研究发现，社会信任对劳动力流动产生了负向影响，但这种负向作用会随着市场化程度的提高而减弱，在市场化程度达到一定水平后，反而会促进劳动力流动。蔡起华、朱玉春（2015）基于农户微观数据发现，社会信任会促进农户参与农村公共产品供给。还有研究表明，居民的社会信任水平会促进他们股票市场参与的概率（李涛，2006）；农民的社会信任水平越高，他们购买商业养老保险意愿也越高（宋涛等，2012）。

此外，还有学者研究了社会信任对 FDI 的区位选择（刘斌等，2011）、基层社区治理（陈捷等，2011）、普惠金融的普及（陈颐，2017）、家庭消费（冯春阳，2017）、代际职业流动（王宇、王士权，2017）等方面的影响。

二、社会信任的影响因素研究

现有关于社会信任影响因素的研究文献非常丰富，这些影响因素大体可以分为以下两类：

一类是受访者个体特征因素，包括年龄、性别、受教育程度、收入水平、进取精神等。就性别而言，杨明、孟天广、方然（2011）基于 2002—2010 年的全国性调查数据的研究发现，年龄越大，其"信任"相对于"不信任"的发生比更高，年龄每增长一岁，其带来的发生比增长效应约为 0.02。就收入和教育程度而言，拥有较高收入和受教育程度的人们，其社会经济地位也较高，通常拥有较高的信任水平（Smith，1997；Patterson，1999），这可能是因为较高社会经济地位的人，拥有更多的资源来承担"信任他人"失败的风险和损失（尤斯拉纳，2006）。杨明、孟天广、方然（2011）还发现，中国人的社会信任存在一个伴随受教育程度变化的等级性分布，在除 2003 年之外的所有年份中，大专及以上受教育程度人群的社会信任最高，高中次之，初中及以下人群的社会信任水平最低。男性因素、受教育年限增加、生活幸福感增加、收入满意度增加都会显著地提高居民的社会信任水平。其他因素不变的情况下，居民为男性、受教育年限提高 1 年，其社会信任水平会分别提高 8.04% 和 4.92%（刘澈元等，2013）。进取精神和公平对社会信任度均有显著的正向影响，才国伟、吴华强（2016）利用 2012 年全国劳动力动态调查数据进行研究发现，一个人越是工作进取且得到公平的待遇，其社会信任度会越高。李涛等（2008）采用 2004 年广东省城市居民调查数据发现，年龄越大、单身、有除工作外的其他收入来源、有宗教信仰、担任管理人员、职业变动越少、越乐观、对生活或工作的满意度越高的居民的社会信任水平越高。知青经历也是一个重要的影响因素。梁平汉、李佳珈（2014）利用 2006 年中国综合社会调查（CGSS2006）的实证研究发现，在控制"老三届"知青对专家学者的信任态度之后，知青经历本身并没有显著影响对社会总体的信任程度。但是在信任对象上，"文革"期间的知青更加不信任专家学者，而对其他社会机构，如政府、新闻媒体等的信任程度则与其他群体并无显著差异。Brehm 等（1997）就美国 1972—1994 年"综合社会调查"数据发现，受教育水平高、收入水平高、不处于失业状态都会提高居民的社会信任水平，而婚姻状况对居民社会信任水平的影响不显著。Guiso 等（2003）得出年龄、受教育程度、收入水平、宗教信仰、健康状况对居民社会信任水平有积极的作用，而性别因素的影响不显著。个体社会信任水平会随年龄的增长而提高；一个人的收入和地位越高，其信任陌生人的可能性越大；而住所和工作稳定的个体，往往具有更高的社会信任水平（Alesina 和 Ferrara，2002；李涛等，2008）。此外，那些认为社会冲突不明显、公共安全感高、在生活中更成功的个体，他们的社会信任水平更高（Delhey

和 Newton，2003）。

　　另一类是受访者所处的外在环境因素，外在环境因素又可以分为三个子类：社会性因素、经济性因素和政治性因素。在影响居民社会信任的社会性因素方面，城乡差别是一个重要影响因素，居住在城乡不同生活情景和社会经济制度下的公众社会信任水平存在差异。杨明、孟天广、方然（2011）基于 2002 年和 2003 年的数据发现，农村居民比城镇居民拥有更高水平的社会信任，城镇居民社会信任的发生比仅为农村居民的 61.9%（2002）和 68.8%（2003），这与马得勇（2009）的发现一致。赵晓航、李建新（2017）基于 2013 年中国综合社会调查的数据进行研究，发现相较于以传统媒介为主要信息来源的青年，以互联网为主要信息来源的青年的社会信任水平显著更低。但王伟同、周佳音（2019）发现，个体互联网使用频率的增加能够显著提高其社会信任水平。黄玖立、刘畅（2017）基于中国综合社会调查数据库，考察了方言对社会信任的影响。研究发现：在陌生人之间，使用同一种方言有利于建立信任，即方言会影响社会信任的形成。黄健、邓燕华（2012）利用 2003 年中国综合社会调查数据与 2008 年英国儿童发展研究数据，在微观层面探讨高等教育与社会信任的关系。研究发现，中英两国的高等教育都有效地促进了社会信任的形成。蔡蔚萍（2017）也得出了相似的结论。同时教育代际不公平程度会降低城市居民的社会信任水平（吕炜等，2020）。汪汇、陈钊和陆铭（2009）根据上海市的抽样入户调查数据，分析了居民信任水平的决定因素，研究发现，在其他条件保持不变的情况下，那些没有本地户籍的居民具有更低的社会信任水平。另外当决策者面对外部风险时，决策者对他人的信任水平会显著降低（李彬等，2015）。Alesina 和 Ferrara（2002）的研究发现，属于一个长期在社会上受到歧视的群体（如黑人、女性）或居住在一个种族混杂、收入不均等的社区内，会显著降低一个人的社会信任水平。也就是说，社会分割所带来的对某一群体的歧视会降低该群体的信任水平，在社会分割的条件下，处在异质性程度越高的环境中的人，信任水平就越低。Delhey 和 Newton（2003）发现居民的邻里关系对社会信任水平有显著的积极作用。

　　在经济性因素方面，刘军岭（2017）基于 2010 年中国社会综合调查（CGSS2010）研究发现，房价显著降低了城镇居民的社会信任水平，而对于不受房价影响的农村居民来说，高房价则不具有统计显著的影响。朱晨、岳园园（2017）采用 CLDS 数据，实证研究就业质量对居民社会信任感的影响，发现工作是增加居民社会信任感的重要因素。在收入一定的情况下，高质量的就业能够显著提升居民的社会信任感。申广军、张川川（2016）使用中国家庭追踪调查（CFPS）数据，从经验上分析了收入差距与社会信任的关系，发现收入不平等显著地降低了城乡居民的社会信任水平。国外学者也得出了这一结论（Brehm，1997；Alesina 和 Ferrara，2002），证实了收入差距对社会信任的不利影响。周广肃、李沙浪（2016）使用中国家庭追踪调查（CFPS）2012 年的数据，研究了消费差距对社会信任的影响，发现县级层面消费差距的扩大可以显著降低中国居民的信任水平，消费基尼系数每上升 0.1，社会信任水平下降 2.11 个百分点。市场化进程对个体社会信任具有显著的促进效应，城镇化程度与社会信任度呈负相关关系；城镇人口和流动人口规模的扩大、地区治安水平的下降对社会信任带来一定程度的负面影响（潘静、张学志，

2015）。关于民族或种族身份异质性对社会信任的影响，Watkins 和 Ferrara（2005）发现族群差异越大的地区，社会信任水平越低。此外，史宇鹏、李新荣（2016）使用 2003 年和 2010 年的中国综合社会调查（CGSS）数据发现，公共资源供给不足会导致社会信任水平的下降。

在政治性因素方面，袁正、李伦一（2017）根据世界价值观调查（WVS）的跨国数据证实，一个国家的司法信心越高，其社会信任度也越高；对警察的信心、对政府的信心也对社会信任度产生显著的正向影响。谢治菊（2012）也做了类似的研究，结果发现，村民政府信任对社会信任的提高有正向的促进作用。Rothstein（2011）在瑞典和罗马尼亚的实验表明，若被试者见到警察接受贿赂，居民的普遍信任会显著下降。此外，制度质量和政府质量也会对居民的社会信任产生重要影响。Asgharian 等（2015）建立的模型得出，更高的制度质量有助于产生更高水平的信任。Mungiu-Pippidi 等（2015）认为，政府质量下降且没有有效的补救政策是导致欧洲信任水平下降的主要原因。苗红娜（2014）的研究也发现提高政府质量可以在一定程度上提升人际信任，进而提升整个社会的信任水平。此外，民主国家的社会信任水平一般比非民主国家高（Booth 和 Richard，1998）。国外研究还发现政治体制、法律结构、政府腐败程度等制度因素对社会信任产生了重要影响（Zak 和 Knack，2001；Paxton，2002）。

第二节　人口流动的相关研究

随着城镇化和市场化的推进，大量农村劳动力进入城市务工经商，同时还存在着一批从城市到城市的城城流动人口，人口流动已经成为我国的一个显著特征。学术界对人口流动进行了深入研究，本书从两个方面进行梳理：一是什么推动了人口流动即人口流动的影响因素有哪些？二是人口流动对社会经济产生了怎么样的影响？

一、人口流动的影响因素研究

关于人口流动的影响因素，也可以把它们分为个体因素和外在因素两个方面：

在个体因素方面，包括了教育程度、收入水平、社会网络、是否参加新农合等。潘静、陈广汉（2014）研究发现，绝对收入和相对收入较低、受教育水平较高的家庭，其劳动力外出打工的概率较高。但也有学者发现，受教育程度较高者反而因为已经占据了较好的本地资源而更倾向留在农村从事非农工作（蔡昉，2000）。在社会网络上，郭云南、姚洋（2013）利用农业部固定观察点调查数据实证研究发现，家庭宗族网络强度显著促进了家庭劳动力外出。潘静、陈广汉（2014）也发现了类似结论，他们实证得出，村庄社会网络这种同群效应显著地提高了个体外出打工的概率。是否参加新农合对人口流动也会产生重要影响，有实证研究表明，参加新农合使农村留守劳动力转移到城镇的概率降低了 34.7%，使农村劳动力转移到本乡镇以外的概率降低了 41.9%（贾男、马俊龙，2015）。秦雪征、郑直（2011）也研究了新农合对农民工就业地域选择的影响，结果发现新农合明显减弱了农村劳动力外出务工的倾向，农村劳动力参加新农合可使其外出务工的概率下降 3.52%。

在外在因素方面，现有研究主要从户籍制度、收入差距、就业替代、公共服务、房价、社会信任等角度展开。户籍是一个影响人口流动的重要因素。蔡昉（2007）认为，改革开放后不断放开户籍制度促进了农村劳动力向农村农业外其他部门、乡镇企业流动和跨省流动，然而并未完全放开的户籍制度还是阻碍了劳动力的自由流动（陆铭，2011；梁琦等，2013）。地区间人均收入差距对劳动力流动也有显著影响（王格玮，2004）。

杨云彦等（2003）基于 2000 年人口普查资料的研究发现，20 世纪 90 年代，我国沿海地区形成了对内地国有部门和传统工业地区的刚性就业替代，非农就业机会在沿海和内地之间的转移、替代和重新分配是我国转型时期劳动力跨地区流动的重要原因。

公共服务是影响劳动力流动的一个显著因素。Tiebout（1956）的"用脚投票"理论生动地阐释了公共服务对人口流动的影响。Shilpi 等（2014）研究 2010 年尼泊尔的人口流动数据，也发现公共基础设施和社会福利在人口流动中发挥重要作用。国内学者也开始关注城市公共服务对人口流动的影响。有研究发现，城市公共服务供给能力是吸引外来人口的重要因素，人口或劳动力会倾向流向公共服务好的城市（李拓、李斌，2015；夏怡然、陆铭，2015；侯慧丽，2016；杨刚强等，2016；覃成林、刘佩婷，2016）。毛丰付、王建生（2016）根据我国人口普查的省际人口流动数据进行实证研究发现，保障性住房对人口流动有显著影响，一个省份保障性住房竣工面积每增加 1%，流入人口数量增加约为 0.3%。杨晓军（2017）利用中国 2006—2014 年城市面板数据和动态面板模型的系统GMM 估计方法进行研究，结果表明，城市公共服务质量有利于促进人口向城市流动，东部地区城市表现尤为突出。Dudwick 等（2011）使用人口普查数据发现流动人口倾向于选择拥有较好的教育、医疗、市场以及金融服务水平的地区。夏怡然、陆铭（2015）使用中国 2005 年 1% 的人口抽样调查数据也发现，好的公共服务是吸引人口流入的重要因素；劳动力选择流向某个城市，不仅为了获得该城市更高的工资水平和就业机会，而且还为了享受该城市的基础教育和医疗服务等公共服务，长期流动的劳动力更倾向选择流向公共服务好的城市。杨义武、林万龙、张莉琴（2017）基于地级及以上城市的经验研究发现，地方公共品供给对人口迁移有显著正向影响，但不同规模城市公共品供给对人口迁移的影响强度存在差异，与向大城市迁移相比，流动人口向中小城市迁移会更多地考虑公共服务因素。类似结论在李一花、李静、张芳洁（2017）的研究中进一步得到证实。

房价是影响劳动力流动的一个重要因素。张莉、何晶、马润泓（2017）使用 2012年、2014 年中国劳动力动态调查数据（CLDS）和 2000—2012 年 250 个地级市的房价数据，发现房价对劳动力流动存在先吸引后抑制的"倒 U 型"影响。高波（2012）考察了2000—2009 年中国 35 个大中城市的面板数据并发现，城市相对房价提高会诱使劳动力流出，但城市住房价格上涨，会使劳动力生活成本提高，对农村劳动力流入城市产生阻碍（高波等，2013）。范剑勇等（2015）从居住模式来解释为什么城市房价高企却没有抑制外来人口的持续流入，原因在于新增常住人口大部分是低技能劳动力，主要居住在价格低廉的非普通商品房，跟住宅交易关系不紧密。

环境质量已经成为人口流动的重要影响因素。肖挺（2016）利用 2004—2012 年期间数据实证分析了污染排放对各城市劳动人口流动产生的影响，结果表明，污染排放的确会在一定程度上造成人口流失，但这种驱赶效应主要体现在我国经济较发达的沿海及内地中心城市，且随着收入水平的增长，环境质量对于人们的迁移决策造成的影响程度会逐步提升。

社会信任作为一种整合型社会资本，会对中国劳动力流动产生负向影响；这种负向影响会随着市场化程度的提高而减弱，在市场化程度达到一定水平之后，反而会起到促进劳动力流动的作用（高虹、陆铭，2010）。

柴国俊、王军辉（2017）基于 2011 年和 2013 年中国家庭金融调查数据实证分析发现，征地会通过缓解金融约束而非土地产权渠道促进劳动力流动，西部地区选择货币补偿方式以及存在融资困难的家庭更明显地得到征地补偿好处，他们迁移的可能性更大、距离更远。

此外，方言也被证实对人口流动产生影响。刘毓芸等（2015）基于文化经济学的理论，发现了劳动力跨方言流动的"倒 U 型"模式，即方言距离较小时它会促进劳动力的流动；当方言距离较大时转而阻碍劳动力的流动。

二、人口流动的社会经济效应研究

学术界对人口流动的社会经济影响效应进行了广泛深入的探讨，包括人口流动与地区发展差距、城乡收入差距、离婚率、犯罪、健康、减贫、房价、劳动力市场等多方面。

在人口与地区发展差距方面，段平忠、刘传江（2005）研究发现人口流动对经济增长差距的收敛作用明显。姚枝仲、周素芳（2003）利用 Taylor 的技术手段研究指出，1985—1990 年期间劳动力流动对我国地区差距缩小的贡献大约为 12%，最后他得出结论：劳动力流动对于消除地区之间要素禀赋差异的作用明显，因而可以有效地消除地区间的经济差距，从而实现"条件收敛"，论证了劳动力流动缩小地区差距的决定性作用。王小鲁、樊纲（2004）也认为，在市场条件下，劳动力在地区间的流动将有助于缩小地区间人均 GDP 差距。彭国华（2015）指出，改革开放以来我国东部与中西部地区经济差距的根源主要在于东部地区引入了相对更多的高技术型工作岗位。随着劳动力流动限制的放松，中西部技能型劳动力向东部地区流动进一步拉大了地区发展差距；樊士德、姜德波（2011）也发现了劳动力流动拉大了地区差距。

在人口流动与城乡收入差距方面，李实（1999）基于微观抽样调查数据的实证研究支持了农村劳动力进城务工有利于缓解城乡收入差距的扩大。蔡昉、王美艳（2009）的研究表明，劳动力流动不仅理论上具有缩小城乡收入差距的作用，而且事实上正在产生这种缩小差距的效果。廖显浪（2012）也指出劳动力流动确实缩小了城乡收入差距。李宾、马九杰（2013）基于生命周期的视角，将城镇化过程中的劳动力流动分为三个阶段，第一个阶段为农村非农产业就业阶段，第二个阶段为进入城镇常住就业阶段，第三个阶段为迁移取得城镇户籍阶段，模型分析表明：第一阶段劳动力流动能够明显缩小城乡收入差距；第二阶段劳动力流动不明显地扩大了城乡收入差距；第三阶段劳动力流动也能够明显缩小城乡收入差距；三个阶段劳动力流动的综合影响是能够明显缩小城乡收入差距。刘学军、赵耀辉（2009）使用 2005 年 1% 人口抽样调查数据，考察了在我国大中城市中劳动力流动对本地劳动者就业率和工资的影响，发现外来劳动力对城市本地劳动力的就业率和工资均具有统计上显著的负向作用，从另一个角度体现了劳动力流动具有缩小城乡收入差距的作用。

也有学者认为劳动力流动导致城镇已有劳动力的工资提升，将无助于缩小城乡收入差距。钟笑寒（2006）指出劳动力流动没有伴随地区间工资差距的缩小，这可能是劳动力流动促进了工人的重新配对（劳动再分工），进而造成了职业上的差别，并提高了当地工人的工资。张义博、刘文忻（2012）发现更多的农村劳动力进入城镇单位工作对城乡收入差距影响并不显著。

在人口流动与房价方面，Albert（2003）利用美国人口流动对住房价格计量结果显示，人口流动每增长 1 个百分点，美国城市住房价格会上升 1.5 个百分点。Akbari（2012）研究人口迁移与住宅价格的关系发现，人口流动速度增加使得城市住房需求上升，从而推动住房价格的快速上涨。白极星、周京奎、佟亮（2016）对 35 个大中城市进行了实证分析，结果表明人口流动对住房价格存在正向影响，但存在"倒 U 型"关系。陆铭、欧海军、陈斌开（2014）通过运用人口普查数据研究了国内城市间移民对住房价格影响，结果显示外来人口占比高的城市住房价格更高，占比变化更大的城市，住房价格和房价格增长率都更高。李嘉楠、游伟翔、孙浦阳（2017）利用 2005 年中国城市住房价格数据和 2005 年 1% 人口抽样调查中外来人口占比数据研究外来人口对于城市住房价格的影响。在控制了城市人均 GDP 和城市人口规模等因素后，外来人口占比更高的城市房价更高，表现为 2005 年外来人口占比每多出 10%，2005 年房价就会高出 7.5%。Saiz（2007）借助工具变量分析美国城市房价与移民关系，发现相当于城市人口 1% 的外来移民进入，会推动城市住房租金和住房价格平均上涨 1%。Degen 和 Fischer（2017）分析了瑞士 85 个地区的数据，发现在数量上相当于本地人口 1% 的移民进入会推动住宅价格上涨 2.7%。

实证研究一致发现，人口流动会提高离婚率。莫玮俏、史晋川（2015）基于中国健康与营养调查（CHNS）数据实证发现，农村人口流动对离婚率存在正向影响。张冲、王学义（2017）以四川省为例，研究得出了同样的结论。高梦滔（2011）利用村级层面的汇总数据分析发现，外出人口比例越大的村庄离婚率越高。在个体层面上，Frank 等（2005）针对墨西哥移民的研究发现，若夫妻一方或双方迁移形成分居，必然造成婚姻收益和情感交流减少，从而增大个人的离婚概率。杜凤莲（2010）研究发现，流动家庭的离婚概率大于非流动家庭，表明了人口流动对个体离婚概率具有正向影响。人口流动在犯罪率方面也备受关注。陈刚、李树、陈屹立（2009）基于中国 31 个省份单位 2000 年和 2005 年的数据分析发现，大规模人口流动是导致中国犯罪率急剧上升的主要原因，人口流动性每提高 1% 大约将导致犯罪率上升 3.6%。程建新等（2016）通过汇集和分析 2010 年中国地级以上 306 市（地州盟）检察机关数据，结合对 5 个省（自治区）9 位公安、检察人员的访谈，发现人口流动程度与起诉率显著相关，这可能意味着人口流动促进了犯罪。王同益（2016）借助 1997—2013 年中国 30 个省的面板数据研究发现，在过去的户籍制度下，外来人口比重的增加显著提高了刑事犯罪率，但这主要是由外来人口中的暂住人口的增加导致的，户籍迁入人口的增加没有对犯罪率产生显著影响。

在国外的研究文献中，主要关注的是国际移民对迁入地犯罪率的影响。针对美国的代表性研究有 Moehling 和 Piehl（2009）、Borjas 等（2010）、Spenkuch（2014）；针对英国、意大利和西班牙的分别有 Bell 等（2013）、Bianchi 等（2012）、Alonso-Borrego 等（2012）。从结果来看，Borjas 等（2010）发现外来移民导致男性黑人的监禁率上升，Alonso-Borrego 等（2012）发现外来移民使得西班牙的犯罪率得以降低，其他研究更多的是发现外来移民对犯罪率没有显著的影响。Nunziata（2015）进一步研究发现，外来移民与迁入地的犯罪率没有显著关联，但却与本地人对犯罪的担忧显著相关。

在健康的影响效应方面，牛建林（2013）使用第三期中国妇女社会地位调查数据，研究发现城乡流动经历对流动者健康状况存在损耗效应，在主要人口与社会经济特征相同的情况下，流动者因工作或劳动受伤的可能性明显高于农村非流动居民，返乡者曾因工作或劳动受伤的发生比则更高，远远高于城乡所有其他居民外来人口与本地劳动力。

在农村减贫方面，学界存在不一致的观点：一种认为能够缓解贫困，樊士德、江克忠（2016）利用 2010 年中国家庭追踪调查（CFPS）数据实证分析发现，从全国范围的全样本看，劳动力流动既改善了农村家庭绝对收入状况，又降低了陷入贫困的相对概率。方迎风、张芬（2016）的研究表明人口流动会降低贫困发生的可能性，原因可能是劳动力迁移可以实现劳动力及其所附载要素在空间与区域上的有效配置，进而有助于减少贫困，并降低收入不平等（Adams，2006；Gupta 等，2009；Nguyen 等，2011）。但也有学者存在不同的观点，赵曼、程翔宇（2016）基于 2014 年和 2015 年在湖北省四大片区调查收集的农户数据，结果发现，现阶段劳动力外流对农村减贫存在不利影响。劳动力外出务工加剧了农村家庭贫困，使所在家庭陷入贫困的概率更大、程度更深。

现有研究表明人口流动会对城市劳动力市场产生重要影响。杨云彦（2000）结合武汉的实证研究指出，由于劳动力市场的不断开放，外来劳动力所具有的低成本优势，将对本地劳动力就业产生竞争与替代效应，这一结论在后续的研究中得到证实，比如颜品、原新（2017）的研究表明，外来劳动力占比每上升 10%，城市原有劳动力的就业率将下降 0.04—1.99 个百分点，表现为外来劳动力对城市原有低技能劳动力就业率的影响并不明显，但对高技能劳动力的就业率产生显著冲击，且此现象在部分高进入门槛行业尤为明显。刘学军、赵耀辉（2009）使用 2005 年 1% 人口抽样调查数据，考察了在我国大中城市中，劳动力流动对本地劳动者就业率和工资的影响。研究发现，外来劳动力对城市本地劳动力的就业率和工资均具有统计上显著的负向作用，但是影响的规模非常小。对于全部教育组平均而言，外来劳动力每增加 10%，城市本地劳动力的就业率下降 0.3%，工资下降 0.65%；对于中低教育水平（高中及以下）的城市本地劳动力而言，外来劳动力的影响程度相对高一些，但是仍然不算大。另外，外来劳动力对本地职工工资的影响，要大于对就业率的影响，说明城市本地劳动力对于外来劳动力存在有限的反应，主要体现在降低保留工资，而非放弃工作机会。当然，学者们也发现了外来人口对本地劳动力市场的积极效应。如周密、张广胜等（2014）使用中国社会综合调查开放数据库（CGSS2008）中城市抽样调查数据进行研究，发现外来劳动力流入对特大城市本地市民工资的影响不显著，而外来劳动力每增加 1% 就会使省会级大城市本地市民的年薪提高 1.46%。陈刚（2016）也发现，城市的流动人口占比每提高 10%，本地劳动力的月工资收入将会增长 3.19 个百分点左右。

国外相关的研究中，Steinhardt（2011）使用德国 1975—2001 年数据的研究，以及 Bratsberg 和 Raaum（2012）对挪威的研究，都发现外国移民对本国劳动力工资水平的影响非常有限。Romiti（2011）使用意大利 1995—2004 年数据的研究发现，外国移民与本地劳动力间的替代效应很小，因此，外国移民的进入不仅没有降低本国劳动力的就业率和工资收入，反而提高了本国技术工人的工资收入。与其他国家不同，瑞士的外国移民大多是技术工人，它们通过提高瑞士的国内需求和劳动生产率，使瑞士本国劳动力获得了收益，Basten 和 Siegenthaler（2013）使用瑞士 2004—2008 年数据的研究发现，平均而言，在新雇佣的劳动力中，外国劳动力与本国劳动力之比每增长 10%，本国失业率将会降低 1.5%～2% 左右。

此外，还有学者研究了人口流动对农村居民消费（谭江蓉、杨云彦，2012）、代际收入流动性（孙三百等，2012）、输出地人力资本（阮荣平、刘力、郑风田，2011）、人口老龄化（邹湘江、吴丹，2013）、生育水平（郭志刚，2010；莫玮俏、张伟明、朱中仕，2016）等方面的作用。

第三节　人口流动与社会信任关系的相关研究

为了突出人口流动与社会信任两者关系的研究文献，本章专门在此节进行回顾。通过梳理发现，国内外目前直接关于人口流动与社会信任两者关系的文献还比较匮乏，国外文献大多是以国际移民作为自然实验来研究信任问题。如 Uslaner（2008）以到美国的移民为研究样本，发现那些父母来自高信任水平的国家的移民，他们自身的社会信任水平也更高。Algan 和 Cahuc（2010）以跨国移民作为自然实验，利用美国作为国际移民集聚地的优势并假设不同国裔的美国人继承了他们来源国的信任，研究了世界各个国家信任水平对他们各自经济增长的作用，发现了信任对经济增长显著的促进作用。Dinesen（2011）以移民到西欧的国际移民作为自然实验，研究发现移民目的地国家的制度质量和移民来源国的文化对移民社会信任有显著影响；与该研究比较相似的是 Nannestad 等（2014），他们以从非西方国家移民到西方国家的移民为自然实验，也发现移民目的地国家的制度质量对移民的社会信任具有显著的影响，但没有发现移民来源国的文化的显著影响。国内学者陆铭、张爽（2008）利用微观数据实证发现，在中国农村，人口流动会增加本家庭对农村公共结构的信任，但是他们这里的农村公共机构信任不同于本研究中的社会信任。

与本课题最直接相关的研究有吕炜等（2017）、翟学伟（2019）和 Wu（2020）。吕炜等（2017）利用中国综合社会调查数据和省级宏观数据，实证发现人口流动降低了居民的社会信任水平。翟学伟（2019）用定性的分析方法指出了人口流动对社会信任的冲击。Wu（2020）利用美国综合社会调查数据研究发现，无论从一个高信任地区迁移到低信任地区还是从低信任地区迁移到高信任地区，这种迁移经历不会影响到迁移者的信任水平。

第四节 简 要 评 述

本章对社会信任的影响因素与影响效应、人口流动的影响因素和影响效应以及人口流动与社会信任关系的相关研究三个方面进行了文献回顾，我们发现学术界已经对社会信任的影响因素和人口流动影响效应进行了广泛研究，而从人口流动的视角研究其对社会信任影响的文献还比较匮乏，与本书最直接相关的文献是 Lopez（2017）和吕炜、姬明曦、杨沫（2017）的成果，但本书和他们的成果存在不同之处：

第一，和 Lopez（2017）的研究相比，本书是基于中国情景的考察，中国作为发展中国家之一，经济表现尤为突出，文化背景、政策体制等方面和其他发展中国家也存在不同，因此对中国问题的研究可能存在异质性。和吕炜等（2017）的研究相比，他们发现了人口流动降低了社会信任水平，但他们的研究可能忽视了人口流动对社会信任作用的动态变化，本书认为人口流动对社会信任的影响既存在正向作用也存在负向作用，但正负作用在不同的人口流动阶段所占的主导地位不同进而使得人口流动对社会信任影响的综合效应存在阶段性差异。

第二，上述的研究在国家层面或省级层面上研究了国际移民或人口流动对居民社会信任的影响，本书则是从地级市层面进行分析，在一定程度上可使得研究对象更具代表性和针对性，相对已有的研究是一个新的尝试。

第三，本书在分析了人口流动对居民社会信任的基础上，进一步探讨了外来人口对流入地居民社会信任的影响、人口外流对流出地居民社会信任的影响和人口流动对流动者自身社会信任的影响，虽然吕炜等（2017）在异质性分析中探讨了人口流动对人口净流入地区和人口净流出地区居民社会信任的影响，但他们分析的外来人口的影响实质上是一个省的外来人口和该省人口流出的综合效应，而本书对外来人口的分析剥离了本地人口流出的影响；此外，本书在分析外来人口对流入地居民以及人口外流对流出地居民社会信任的影响时，研究的居民是指流入地或流出地的户籍居民且自身没有发生流动，剥离自身的流动对社会信任的影响，因此本书的研究和他们的异质性分析存在区别，此外，现有的研究还缺乏分析个体的流动对自身社会信任的影响，因此本书相对现有的研究工作有所推进。

第三章　人口流动与社会信任：理论基础和分析框架

本章主要围绕两个问题展开：第一是梳理人口流动的相关理论和社会信任的相关理论；第二是基于已有的理论基础，构建一个人口流动影响社会信任的分析框架，为下文的实证分析提供理论支撑。

第一节　理　论　基　础

基于本书研究的问题，本节将对人口流动的代表性理论和社会信任的代表性理论进行梳理。

一、人口流动的相关理论

（一）传统的推拉理论（Push and Pull Theory）

英国人口学家雷文斯坦（Ravenstein E G）于 1885 年发表了题为《人口迁移律》的专著，提出了人口迁移的七条规律，可归纳为人口迁移的结构特征、人口迁移的空间特征和人口迁移的机制三个方面。它们具体是：（1）性别律。在短距离的迁移中，女性的迁移倾向大于男性。（2）年龄律。各个年龄段迁移倾向不同，青年是迁移的主体。（3）距离律。人们一般倾向短距离迁移，对于规模较大的工商业中心来说，流入人口大部分来自周边区域。对于一个人口吸引中心，迁移距离越远，迁入人口越少。（4）递进律。大的工商业中心吸引邻近城镇人口迁入，而后者留下的空缺则由更远的乡村邻近居民填补，如此形成整个社会的迁移全景。（5）双向律。在大规模的人口迁移过程中，与主迁移流流向相反的逆迁移流同时并存。（6）城乡律。城镇居民的迁移倾向要小于农村居民的迁移倾向。（7）经济律。受压迫、受歧视、沉重的赋税、恶劣的气候环境都是影响人口迁移的因素，但是经济因素是促使人口迁移的主要原因。雷文斯坦的迁移律被认为是推拉理论的渊源。

唐纳德·博格（D. J. Bogue）于 20 世纪 50 年代末系统地阐述了劳动力转移的推拉理论。他的主要观点为：人口迁移是两种不同方向力量作用的结果，一种是促进迁移的力量，另一种是阻碍迁移的力量。在人口流出地，存在一种起主导作用的"推力"，把原居民推出常住地，这些因素有自然资源的枯竭、农业成本增加、农业劳动力过剩导致的失业等；流出地同时也存在着人口流动的"拉力"，如家庭团聚的欢乐、熟悉的社区环境等。比较来看，流出地的"推力"力量更大，占主导。在人口流入地，产生拉力的主要因素是较多的就业机会、较高的工资收入、较完善的文化设施等；同时，流入地也存在着一些不利于人口流入的"推力"因素，如流动可能带来的家庭分离、陌生的环境、激烈的竞争等。但比较起来，流入地的"拉力"比"推力"大，前者占主导。

但唐纳德·博格阐述的推拉理论存在一些缺陷，他不能较好的解释在相似的推拉因素的作用下，为什么有的个体迁移而有的不迁移？在推拉因素明显变化下，为什么个体的迁移没有发生明显的变化？针对这种不足，1966 年，李（E. S. Lee）进一步地把流出地和流入地之间的中间障碍和个人因素引入了分析框架，认为迁移的因素有四种：流出地因素、流入地因素、中间障碍因素、个人因素。李的贡献在于完善了迁移的解释框架，对推力和拉力有了更进一步的认识。

（二）二元结构的人口流动理论

1. 刘易斯模型（Lewis Model）

英国经济学家刘易斯于 1954 年在其经典专著《无限劳动供给下的经济发展》中提出了著名的二元经济结构下的人口流动模型，也被称为"刘易斯模型"。刘易斯模型有两个基本特征：（1）从部门的角度来分析人口流动。发展中国家的经济由代表先进生产力的工业部门和传统的农业部门组成，工业部门始终在经济发展中占主导地位，传统农业部门则主要为不断发展的工业部门提供丰富而廉价的劳动力。（2）劳动力的供给是无限的。刘易斯的无限供给概念不是指劳动力在总量上的无穷无尽，而是指在一个既定的工资水平上，工业部门可以获得它所需要的全部劳动力。刘易斯认为农村劳动力生产率很低，甚至为零，农民仅能赚得其生存收入，广大农村存在着大量的剩余劳动力。那么工业部门能以较低的工资价格获得足够的劳动力，条件是这种价格应当高于农业中的生存收入。下面通过图 3-1 进一步说明。

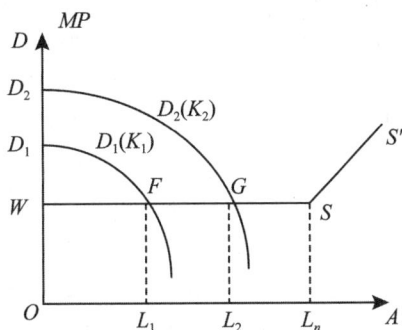

图 3-1 刘易斯模型

如图所示，OD 轴表示劳动的边际产出和工资，OA 表示传统农业部门的生存收入，OW 表示工业部门的现行工资，WS 是劳动力无限供给曲线。D_1（K_1）、D_2（K_2）表示不同资本水平 K 下的劳动边际生产率曲线。当资本为 K_1 时，边际生产率曲线为 D_1，此时雇佣

工人的数量为 OL_1，总产出为 OL_1FD_1，工资为 OL_1FW，WFD_1 为利润。假设工业部门资本上升至 K_2，边际劳动率曲线向右移动，此时雇佣工人的数量为 OL_2。当资本不断上升，雇佣工人达到 OL_n 时，农业部门的剩余劳动力全部转移至工业部门，那么当工业部门继续需要劳动力时，就不得不提高实际工资，其所面临的劳动力供给曲线将不再是水平状态，而是向右上方倾斜，即图中所示的 SS'（张培刚等，2009）。

2. 拉尼斯-费景汉模型（Ranis-fei Model）

1961 年，拉尼斯和费景汉在《美国经济评论》上提出了一个新的人口流动模型，该模型的基础仍是刘易斯模型，但是与刘易斯模型不同的是，他们首次将农业部门的发展结合进来，构成了包括工业部门和农业部门共同发展在内的二元经济下的人口流动模型，也被称为"拉尼斯-费景汉模型"，它相对于刘易斯模型最大的改进是将农业部门的发展纳入了分析范畴，可通过图 3-2 进一步说明。

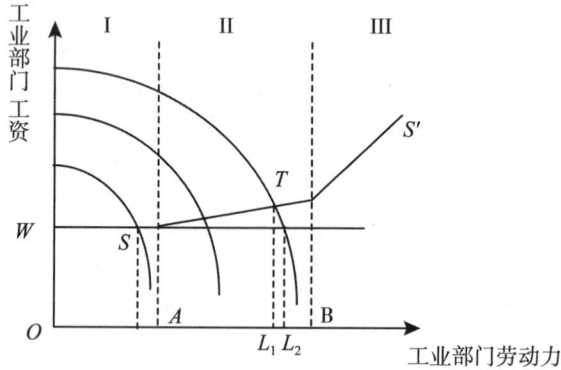

图 3-2　拉尼斯-费景汉模型

拉尼斯-费景汉模型把农村劳动力转移划分为三个阶段：第一阶段农业劳动力生产率很低甚至为零，随着向工业部门转移，农业劳动力数量逐渐减少，在达到图 3-2 中 A 点之前，农业总产出不变，达到 A 点之后，即进入了第二个阶段，第二阶段的起点即 A 点，被称为"短缺点"（Shortage Point），也被称为"刘易斯拐点"，在该阶段，农业劳动力边际生产率为正，农业总产出下降，出现粮食短缺。虽然不再有剩余劳动力，但仍有隐蔽失业，随着农业劳动力继续向工业部门转移，在达到图 3-2 中 B 点时，所有隐蔽失业的劳动力也转移完毕，B 点成为"产业化点"（Commercialization Point）。此后的第三阶段，农业劳动力的进一步减少将使农业劳动的边际生产率大于原来的平均工资，农业部门的工资水平将和工业部门一样，由劳动边际生产率决定（张培刚等，2009；齐良书，2007）。

3. 乔根森模型（Jorgenson Model）

乔根森模型是由美国经济学家于 1961 年提出的一个新的二元经济结构下的人口流动模型。乔根森模型和刘易斯模型、拉尼斯-费景汉模型的最大区别在于，它不再是建立在剩余劳动和不变工资的假定上。

　　乔根森认为，一国经济虽然是由现代的工业部门和传统的农业部门构成，但农业部门的发展则是工业部门乃至整个国民经济发展的基础。农业部门的产品供给能力将直接影响着工业部门的发展水平和劳动力转移程度。在他看来，农业部门的产品供给将首先满足不断增长的人口对产品的需要，在农业部门的产品供给满足人口增长的需求之前，农村劳动力都将被吸纳在农业部门。而只有当农业部门的产品供给超过人口增长的基本需求之后，农业部门才能为工业部门的劳动力提供食物支持。乔根森称之为"农业剩余"。农业剩余的产生，就意味着总人口中有一部分可以脱离农业部门转而流向工业部门。这样，便开始发生劳动力向工业部门转移的过程。农业剩余越大，则工业部门发展越快，农业中的劳动力转移也越顺利。在乔根森模型中，任何从农业转移出去的劳动力的边际产出都为正，因此，农业部门的产出会受到农业劳动力的转出的影响，可见工业的发展是以牺牲农业产出为代价的（张培刚等，2009）。

　　4. 托达罗模型（Todaro Model）

　　20 世纪 60 年代末 70 年代初，许多发展中国家开始出现了严重的城市失业现象，而同时又有越来越多的农民试图离开农村进入城市，这一现象是传统人口流动模型所难以解释的。1969 年，美国经济学家托达罗在《美国经济评论》上发表了经典专著《欠发达国家的劳动力迁移模式和城市失业问题》中提出了一个乡—城劳动力迁移模型，较好地解释了这一现象。

　　托达罗模型认为，人口迁移过程是人们对城乡收入差异而不是实际收入差异做出的反应。一个劳动力只有当他估计在城市部门的预期收入高于农村的收入时，迁移才会发生，否则，劳动力则会继续留在农村。而劳动力流入城市不一定会找到工作，这里的预期收入是城市部门中的实际收入水平乘以就业概率。托达罗引入就业概率是对以往人口流动模型的重大修正。托达罗相对以往传统人口流动模型的另一贡献是他引入了非正规就业这一概念，即城市内部也存在二元结构：城市正规部门和城市非正规部门。这样托达罗模型实际上讨论的是三个部门的就业，即农村部门、城市正规部门和城市非正规部门，因此该模型也被称为"三部门模型"，可通过图 3-3 加以说明。

　　如图所示，图中左侧纵轴表示农业部门的工资率，右侧纵轴表示工业部门的工资率，横轴 $O_A O_M$ 代表总劳动力，曲线 AA' 和 MM' 分别表示农业部门和工业部门的劳动力需求曲线。模型假设市场为新古典市场，灵活工资且充分就业，那么在 E 点处均衡工资水平 $W_A^* = W_M^*$，此时农业部门的劳动力为 $O_A L_A^*$，工业部门的劳动力为 $O_M L_M^*$。现假设城市工资水平为 $\overline{W_M}$，此时 $\overline{W_M} > W_A^*$，城市可吸纳的劳动力为 $O_M L_M$，如果不存在失业，那么农村部门吸纳的劳动力为 $O_A L_M$。此时，农业部门的工资水平为 W_A^{**}，因此 $\overline{W_M} > W_A^{**}$，城乡存在收入差异。如果劳动力可以自由流动，那么将会有部分劳动力流入城市，但他们进入城市后面临着失业风险。如果实现就业的概率用工业部门就业量 L_M 和城市总劳动力 L_{US} 之比来表示，则有：

$$W_A^0 = \frac{L_M}{L_{US}}(\overline{W_M})$$

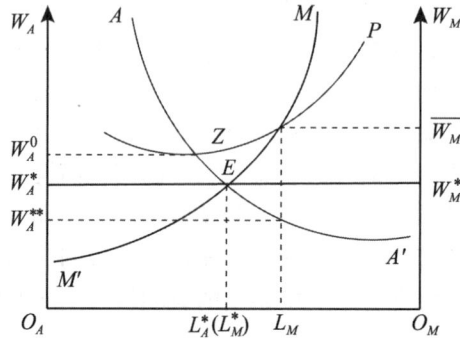

图 3-3　托达罗模型

这是农民迁移决策的边际条件，W_A^0 表示农业部门收入，$\dfrac{L_M}{L_{US}}$（$\overline{W_M}$）表示城市部门的预期收入，当 $\dfrac{L_M}{L_{US}}$（$\overline{W_M}$）$> W_A^0$ 时，农民才会向城市流动，当 $\dfrac{L_M}{L_{US}}$（$\overline{W_M}$）$= W_A^0$ 时，农民选择无差异。PP' 表示这种无差异关系。（张培刚等，2009）

（三）新劳动力迁移理论

20 世纪 80 年代，以斯塔克为代表的经济学家提出了"新劳动力迁移经济学"（The new economics of labor migration），它与传统理论假设个人为决策主体不同，新劳动力迁移理论强调家庭作为决策主体的重要性，根据家庭预期收入最大化和风险最小化原则，决定家庭成员的迁移（Stark 和 Bloom，1985；Stark，1991）。盛来运（2005）指出该理论有三个基本观点：一是风险转移。由于家庭收入存在不稳定性，为了规避风险和使收入来源多元化，家庭会决定部分成员外出务工以抵御可能的潜在风险，是一种自我保护的应对策略。二是经济约束。由于许多家庭面临着资金约束和制度供给的缺位，如没有失业保险、没有信贷支持，家庭决定部分成员外出务工以获取必要的资金和技术。三是相对剥夺（relative deprivation）。该理论认为家庭在做迁移决策时不仅考虑绝对预期收入水平，而且考虑相对本社区或参照人群的收入水平，即使自家的收入水平有很大的提高，但是提高的程度不及参照人群，那么他们仍然有相对剥夺的感觉，为了提高自己或家庭在社会阶层中的地位，仍然会决定迁移。

二、社会信任的相关理论

（一）个体理论（Individual Theory）

个体理论强调，个体的社会信任更多的是取决于自身的人格特征和主观感受，而不是外在的客观环境因素，这一理论包括了"人格理论"（Personality Theory）和"成功与幸福理论"（Success and Well-Being Theory）。人格理论认为个体的社会信任水平与其人格特征高度相关，尤其是乐观主义和对个人生活的控制感（Uslaner，1999）。乐观主义者相信人的本性是善良的，他们不担心被别人利用，更看重建立一种长远的关系而不是追逐短期的利益，他们更有可能把信任延伸到陌生人（Park，2012）。成功与幸福理论认为社会上那些"成功"者（winners）拥有更高的社会信任水平，这里的成功可以通过财富、社会地位、工作、生活满意度和主观幸福感来反映（Orren，1997；Newton，1999；Whiteley，1999）；而社会上那些相对"失败"者（losers），比如较低的文化程度、较低的收入、较低的阶层，他们的社会信任水平则相对较低。同时，那些犯罪和暴力的受害者、生活满意度较低和受到歧视的人，社会信任水平也较低（Inglehart，1999；Putnam，2000）。成功与幸福理论强调了个体成年时期的生活经验对其社会信任的影响。①

（二）社会互动理论（Social Interaction Theory）

社会互动理论认为社会行动者之间（包括个体与个体、个体与群体、群体与群体）是通过信息传播而发生相互依赖性的直接或间接的交往活动。从某种程度上说，这种依赖性的关系即为信任关系。互动是社会的最基本形态（Simmel，1982），许多学者认同信任关系产生于社会互动中（Granovetter，1985；Guinnane，2005）。由于信任的形成需要个体对他者的可信性作出判断，所以施信者一定要有关于他者过去行为的信息。两个行为者的交往时间越长，他们的信任关系就会变得越加明确，因为在不断交换和分享信息的过程中，行为者可以更好地感知双方的可信性。行为者在互动的过程中，可以形成相似的视野，从而影响对互动对象可信性的信任判断。换言之，重复不断的互动交往活动有利于行为者更好地了解他者过去行为所引致的结果状况，这为判断他者的可信性提供了参考依据。信任程度随着双方互动经历的增多而逐渐增加（Doney 和 Cannon，1997）。

（三）社会认同理论（Social Identity Theory）

社会认同理论强调自我是可以反思的，因为它可以被辨别为一个与其他社会种类、社会群体或者社会范畴有关联的社会实在来对待。这个辨别的过程在社会认同理论中被称为"自我分类"（self-categorization），而自我分类与自我比较，作为社会认同形成的两个重要步骤，进一步使个体确认自己属于某个社会团体，或与某个种类的人群相似。通过区分态度、观念、价值观、行为规范、说话方式等各项用来判别是否属于组内人的标准，社会认同可以让个体明白哪些人是自己的组内人。同质性原理（homophilious theory）指出，个体更愿意和自己相似的人交往。对于组内人，个体会对他们持有更多的信任，而对于那些组外人，个体更倾向采取消极的判断（Stets 和 Burke，2000）。鉴于社会文化、制度、道德、信息、个人品质等因素通过"认同"过程制约和指导着个体的认知和判断，该理论强

---

① 具体可参见：Delhey J, Newton K. Who trusts? The origins of social trust in seven societies ［J］. *European Societies*，2003，5（2）：93-137.

调社会认同是个体信任形成的重要环节（邹宇春，2015）。

（四）理性选择理论（Rational Choice Theory）

理性选择理论的代表人物科尔曼（Coleman）认为，信任是在自我利益驱动下进行理性比较而产生的，如果从他者身上带来的预期收益大于风险时，个体就会对他者予以信任。科尔曼（1990）提出，为了增进自己的福利，或至少是不损害自己的福利，理性的人在决定是否信任他人时会考虑两点：一是收益与损失的比较，二是他者背信的可能性有多大。他认为，个体是否信任他者，实际上取决于他者过去行为的表现（邹宇春，2015）。

（五）信任文化理论（Culture Theory）

信任文化理论认为信任作为社会文化密码的一部分，能够代代相传，文化差异可以用来解释不同社会信任程度的高低。Almond 和 Verba（1963）考察了两个老民主国家（美国和英国）以及三个新民主国家（西德、意大利和墨西哥），他们发现，美国和英国的社会信任水平要比其他国家高，同时他们还发现人们的其他生活态度在这些国家也呈现出很大的差异，对这一切他们统称为政治文化。Inglehart（1977）利用更大规模的跨国时间序列数据证明，的确有些社会具有高信任度的政治文化，而有些则表现为低信任度的政治文化。Putnam 等（1994）则进一步证明，即使在一个国家内部（比如意大利的南部和北部），信任文化也有不同。英格哈特三次对若干个国家（包括中国在内）进行的"世界价值观调查"发现，受新教和儒家学说影响的国家比受天主教、东正教、伊斯兰教影响的国家更容易产生信任，这似乎印证了文化解释（Inglehart，1999）。福山（1995）也指出信任是社会文化规范的产物。①

第二节　人口流动与社会信任：一个分析框架

本书在研究人口流动对社会信任的影响时，分析了以下四个方面内容：第一是人口流动对居民的社会信任的影响；第二是外来人口对流入地居民社会信任的影响；第三是人口外流对流出地居民社会信任的影响；第四是人口流动对流动者自身社会信任的影响。那么在每一种情况下，人口流动影响社会信任的机制是怎样的，接下来分别加以探讨。

一、人口流动与居民的社会信任

一个地区的人口流动性将怎样影响该地区居民的社会信任水平呢？根据现有文献的讨论，它的影响可从正负两个方面加以分析。

首先，一个地区的人口流动性可能会降低该地区居民的社会信任水平。这种影响可以

---

① 具体可参见：王绍光、刘欣：《信任的基础：一种理性的解释》，《社会学研究》2002 年第 3 期。

从该地区当地户籍居民和流动人口两个方面分别进行分析。对当地户籍居民而言，首先，由于本地居民和流动人口之间可能存在语言、习俗等文化方面上的差异，而文化是社会信任产生的重要基础（福山，1998），人口流动加强了他们因文化差异而造成的生活环境的异质性，而这种异质性在以往的研究中被证实会降低居民的社会信任水平（Alesina 和 La Ferrara，2002；Stolle 等，2008；Dinesen 和 Sønderskov，2012），这可能是因为生活环境的异质性给居民的日常活动带来了外部风险，而外部风险会导致社会信任的降低（李彬、史宇鹏、刘彦兵，2015）。其次，一个地区的流动人口会加入该地区公共资源的争夺中，比如在就业机会方面，有研究表明，外来劳动力会对本地劳动力就业产生竞争与替代效应（杨云彦、陈金永，2000），外来劳动力占比每上升 10%，城市本地劳动力的就业率将下降 0.04～1.99 个百分点（颜品、原新，2017），而公共资源的争夺也会降低居民的社会信任水平（史宇鹏、李新荣，2016）。最后，一个地区的人口流动可能还会增加该地区的犯罪。陈刚、李树、陈屹立（2009）基于中国 31 个省份单位 2000 年和 2005 年的数据分析发现，大规模人口流动是导致中国犯罪率急剧上升的重要原因，人口流动性每提高 1%大约将导致犯罪率上升 3.6%；程建新等（2016）利用中国地级以上 306 市（地州盟）检察机关数据，也发现人口流动会增加犯罪。而地区犯罪率的上升意味着该地区治安水平的下降，治安水平越差越不利于该地区居民的社会信任水平（潘静、张学志，2015），从而对本地户籍居民的社会信任产生了负面影响。

那么对流动人口而言，人口流动也可能会降低他们的社会信任水平。首先，在人口流动性较低时，其周围生活的大多是流入地的本地人。按照社会认同理论的解释，流动人口会从语言方式、行为规范等方面判别生活在其周围的个体是否属于"组内人"，他们更愿意和"组内人"交往，对"组内人"持有更多的信任。而由于流动人口和当地户籍居民在语言方式、行为规范等方面存在一定的差异，他们更可能把当地户籍居民判别为"组外人"，而同是"组内人"的流动人口比例还较低，因此其生活环境的高度异质性可能会导致他们对"组外人"的低信任。此外，由于流动人口周围生活中大多是当地人，他们还可能遭受来自本地人的歧视，而这种歧视也会导致社会信任水平的下降（Alesina 和 Ferrara，2002）。

当然，地区人口流动性也可能会促进该地区居民的社会信任水平。这种影响同样可以从本地户籍居民和流动人口两个方面分别加以分析。对本地户籍居民而言，首先，地区人口流动特别是农村人口向城市流动有助于该地区的经济发展（李国锋，2009；蔡昉，2013；伍山林，2016），而地区经济发展水平会对该地区居民的社会信任产生正向影响（张维迎、柯荣住，2002；Bjørnskov，2006）。其次，当人口流动性达到一定阶段后，由于本地户籍居民周围生活中的流动人口比例上升，那么他们和流动人口之间的互动频率也会相应增加，这种沟通有助于增强他们对流动人口的了解和认识，促进双方对彼此做出积极的评价，缩小他们之间的主观社会距离（邢朝国、陆亮，2015），从而有助于提升本地户籍居民的社会信任水平。对流动人口而言，当人口流动性达到一定程度后，由于其周围同样是流动人口的比例提高，他们生活环境的同质性相应提高，根据社会认同理论，由于对"组内人"持有更多的信任，流动人口之间可能形成了一个"熟人社会"，社会信任的基础得以重建，进而有助于提高他们的社会信任水平。其次，当人口流动性达到一定程度后，一部分流动人口流入到当地时间较长，他们可能对当地语言等文化环境更加熟悉，从而有助于增强身份认同感。此外，和本地居民互动的增加也有助于缩小和本地人之间的心理距离，减少来自本地居民的歧视，这些都有助于改善流动人口的社会信任水平。

那么地区人口流动性和该地区居民社会信任水平究竟具有怎样的关系呢？当地区人口流动性相对较低时，人口流动对该地区社会治安造成了负面冲击，同时流动人口也加入对流入地的公共资源的争夺中，不利于本地居民的社会信任水平；就流动人口自身而言，他们也从一个"熟人社会"进入了一个"陌生人社会"，社会信任的基础遭到破坏。与此同时，相对城乡的老二元结构，在城市内部实质上存在着户籍居民和流动人口之间新的二元分割（陈云松、张翼，2015），在这种社会分割下，他们周围生活人群的高度异质性降低了其社会信任水平（Alesina 和 Ferrara，2002）。而此时人口流动带来的正面效应还不突出，因此在人口流动性较低阶段时，人口流动给社会信任带来的负面效应超过了正面效应，前者占主导地位，人口流动的综合效应表现为降低居民的社会信任水平。但是，从理论上来说，人口流动对社会信任的影响并不是单向的线性关系。当人口流动性达到一定阶段后，人口流动对地区经济发展的积极效应凸显，这对提升该地区户籍居民的社会信任水平具有显著的促进作用。与此同时，流动人口与本地居民互动增多，也有助于缩小他们彼此之间的社会距离。此外，当人口流动性较高时，说明流动人口较多，那么流动人口还可能与周围流动人口构成了彼此的社会信任基础，这些都有助于他们社会信任水平的改善。因此，在人口流动性超过一定程度后，人口流动给居民社会信任水平带来的正面影响会超过负面影响，前者占主导，人口流动产生的综合效应会提高该地区居民的社会信任水平。由此本书提出如下假说：

假说 1：一个地区居民的社会信任起初会随着该地区人口流动性增强而降低，超过一定阈值之后，又会随着人口流动性的增强而提高，即一个地区的人口流动性和该地区居民的社会信任水平之间呈 U 型关系。

二、外来人口与流入地居民的社会信任

外来人口会怎样影响流入地居民的社会信任水平呢？根据现有文献的研究，它的影响也可以从正面和负面两个方面加以分析。

首先，外来人口可能会降低流入地居民的社会信任水平。这种影响可以从以下几个方面展开分析。首先，外来人口和本地居民之间可能存在比如在语言等方面上的文化差异，进而造成外来人口和本地居民之间在交流上存在一定的障碍，增加了彼此之间的陌生程度和心理距离，从而给本地居民社会信任水平带来负面影响。其次，外来人口在流入地可能会与当地居民在公共资源方面产生竞争，而公共资源的争夺会降低居民的社会信任水平（史宇鹏、李新荣，2016）。第三，外来人口还会对流入地的社会治安产生负面冲击，提升流入地的犯罪率（陈刚、李树、陈屹立，2009），而一个地区的犯罪会给当地居民造成不安全感，从而导致社会信任水平的下降（Delhey 和 Newton，2003）。

当然，外来人口也可能会提高流入地居民的社会信任水平。当一个地区外来人口的比

例达到一定水平后，由于本地居民周围生活的外来人口增多，这在一定程度上会促进本地居民和外来人口之间的交流互动，加强了本地居民对外来人口的了解和认识，有助于缩小彼此之间的心理距离，扩大信任半径，① 提升社会信任水平。Rothstein 和 Stolle（2008）也指出存在一种社会信任形成的"社会中心路径"，他认为社会信任部分来源于社会文化生活经验，社会交往或社会互动能够促进社会信任。与此同时，外来人口对流入地的经济发展具有一定的积极作用（杨胜利、高向东，2012；都阳等，2014；Bove 和 Elia，2017），而一个地区经济发展水平越高，越有助于改善这一地区居民的社会信任水平。

那么，外来人口和流入地居民的社会信任水平之间究竟是怎样的作用关系呢？由库兹列茨曲线②可知，工资差异与经济发展水平之间往往表现为"倒 U 型"关系，那么在外来人口占比较低时，往往一个地区经济发展水平还较低，而随着经济发展水平的提高，收入差距在增加，收入差距导致的社会信任水平的负作用在增强。同时在这一阶段，公共服务供给能力有限，外来人口的流入造成的公共资源的争夺程度较强，对流入地居民社会信任的负面影响也较大。与此同时，外来人口对流入地经济发展的积极作用可能还不凸显，因此在这一阶段外来人口给本地居民社会信任产生的负面作用要大于正面作用，外来人口对本地居民社会信任影响的综合效应表现为负面作用。但是，在理论上，外来人口对本地居民社会信任的影响并不是单向的线性关系。外来人口占比达到一定程度后，表明经济发展水平也相对较高，这一阶段收入差距在降低，由收入差距而产生的负作用在弱化。而经济发展水平较高，公共资源的供给一般比较充足，这一点也可以通过"用脚投票"机制③下外来人口占比上升得到反映，所以因外来人口在公共资源争夺而产生的负作用在降低。此外，外来人口比例较高时，本地居民与外来人口之间互动交流频率增加，也有助于本地居民的社会信任水平的改善（Wang 等，2017）。而此时，外来人口对流入地经济的促进作用显著，因而提高社会信任的积极效应突出，因此，在这一阶段，外来人口对流入地居民社会信任的正面作用大于负面作用，外来人口对流入地居民社会信任水平的综合效应表现为促进作用。由此本书提出如下假说：

假说 2：一个地区居民的社会信任水平起初会随着外来人口占比上升而降低，超过一定阈值之后，又会随外来人口占比上升而提高，即外来人口占比和流入地居民社会信任水平之间呈 U 型关系。

三、人口外流与流出地居民的社会信任

人口外流将怎样影响流出地居民的社会信任水平呢？根据现有文献的研究，它的影响

---

① 信任半径（radius of trust）的概念是 Fukuyama（1995）提出的，它是指人们乐意把信任扩展到的范围的大小。

② 库兹涅茨曲线（Kuznets curve），又称库兹涅茨倒 U 字形曲线假说，是美国经济学家西蒙·史密斯·库兹涅茨于 1955 年所提出的收入分配状况随经济发展过程而变化的曲线，是发展经济学中重要的概念。

③ 丁维莉、陆铭（2005）证明了 Tiebout 的"用脚投票"机制同样适用于中国。

也可以从正面影响和负面影响加以分析。

首先，人口外流可能会降低流出地居民的社会信任水平。人口外流可能会破坏流出地居民原有的社会信任基础，进而导致他们社会信任水平的下降。按照社会信任基础的"社会中心路径"理论解释，社会信任生成的重要机制之一是社会交往或社会互动（Rothstein 和 Stolle，2008），社会信任是面对面社会互动的产物（Park，2012），由于流出地居民社会信任是建立在一定社会交往基础之上的，当原有信任的交往对象外出以后，这一社会交往就会中断，社会信任的基础遭到破坏，他们的社会信任水平也会相应下降。社会网络理论也强调了社会网络对社会信任的重要性（Delhey 和 Newton，2003）。其次，关于社会信任基础的"成功与幸福理论"指出，对生活的满意度和幸福感能显著提高个体的社会信任水平（Inglehart，1999；Putnam，2000），而人口外流可能会导致流出地居民产生"相对剥夺感"①，这种相对剥夺在一定程度上会降低个体的幸福感和生活满意度。

当然，人口外流也可能会促进流出地居民的社会信任。当人口外流达到一定程度以后，流出地居民由于存在社会交往、情感慰藉的需求，他们可能会加强和当地未流出居民之间的联系和来往，社会信任的基础得以重建，进而有助于社会信任水平的提升。另外，新劳动力迁移理论指出，流出劳动力与流出地家庭之间实际上存在着一个不明确的"契约安排"（Stark 和 Levhari，1982），外出劳动力考虑到他们在未来可能面临的不确定性风险，他们会向流出地家庭提供发展要素，比如通过邮局汇款、传播技术信息等，而这无疑会改善家庭整体的经济状况，进而有助于提升流出地居民的社会信任水平。

那么，人口外流和社会信任水平之间究竟是怎样的作用关系呢？根据刘易斯二元模型，在经济发展的初期阶段，由于城乡收入差异的存在，农业部门人口大量向工业部门转移，在这一阶段农业部门大量人口流出，人口外流导致他们与流出人口联系来往减少，破坏了流出地居民社会信任的基础。同时，人口外流可能造成未流出居民"相对剥夺感"，而这种相对剥夺感也不利于社会信任水平。而在这一阶段，流出人口对其家庭的"反哺"效果可能还比较弱，因此这一阶段人口外流对社会信任的负面作用超过了正面作用，人口外流的综合效应表现为降低了流出地居民的社会信任。但从理论上看，人口外流对流出地居民社会信任的影响并不是单向的线性关系。在人口外流达到一定程度后，流出地人口外流较多，虽然此时也造成了流出地居民原有信任基础遭到破坏，但流出地未流动居民出于社会交往、情感慰藉的需求，他们会主动加强彼此之间的往来和沟通，社会信任的基础得以重新建立，社会信任水平得以提升。同时，流出人口对流出地技术、资金的输入会促进流出地经济的发展，也有助于提升流出地居民的社会信任水平。因此，在这一阶段，人口外流对流出地居民社会信任的正面作用会超过负面作用，人口外流的综合效应表现为提升了流出地居民的社会信任水平。由此本书提出如下假说：

---

①　"相对剥夺"（Relative deprivation）是由美国学者斯托弗（S. A. Stouffer）提出，"相对剥夺感"指当人们将自己的处境与某种标准或某种参照物相比较而发现自己处于劣势时所产生的受剥夺感，这种感觉会产生消极情绪，可以表现为愤怒、怨恨或不满。

假说 3：人口流出地居民的社会信任水平先随着人口外流比重上升而降低，超过一定阈值之后，随人口外流比重上升而提高，即人口外流比重和流出地居民社会信任水平之间呈 U 型关系。

四、人口流动与流动者自身的社会信任

个体的流动状态会对其自身的社会信任水平产生怎样的影响呢？本书分析的个体流动状态包括了个体是否流动、流动范围（县内跨乡流动还是跨县流动）和流动地点（流动到农村还是流动到城市），通过对现有文献的梳理，发现个体的流动状态对流动者自身社会信任的影响既可能存在抑制效应又存在促进效应。

首先，流动可能会降低流动者自身的社会信任水平。当流动发生以后，流动者从流动前的"熟人社会"进入了"陌生人社会"，他们原有在流出地的社会信任基础遭到破坏，因此社会信任水平可能会受到负面影响。其次，流动人口还可能遭受到来自流入地居民的歧视，这也可能使得流动者社会信任水平降低（Alesina 和 La Ferrara，2002）。最后，流动者还可能与流入地居民存在诸如语言文化方面的差异，导致他们与流入地居民之间的交流受到阻碍，这在一定程度上也会降低流动者的社会信任水平。

与此同时，人口流动也有可能会提升流动者自身的社会信任水平。人口迁移流动是一个人力资本投资的过程（舒尔茨，1990），流动者的见识、视野水平得到了扩大和提升，尤其流入城市之后，流动者可以享受城市集聚产生正外部性，比如获得较高的收入回报、享有更好的公共服务、从人力资本溢出效应中提升了自身的人力资本水平等，这些有助于提高生活满意度，增强自身的认知判断能力。因此，个体的流动可能会提高流动者自身的社会信任水平。从以上分析来看，人口流动对流动者社会信任影响的方向是不确定的，它取决于正负影响的作用大小。同理，县内跨乡流动和跨县流动、流动到农村和流动到城市对流动者社会信任的影响方向也不确定。由此本书提出如下假说：

假说 4a：人口流动①显著降低了流动者自身的社会信任水平；

假说 4b：人口流动显著提升了流动者自身的社会信任水平。

---

① 这里的人口流动包括了本书所指的三个维度的流动状态。

第四章　中国人口流动与社会信任水平的
现状、趋势及作用关系

20世纪80年代以来，随着我国户籍制度的松动、改革开放的深入以及社会主义市场经济体制的逐步建立，大量的农村剩余劳动力进城务工经商且规模不断扩大，形成了我国规模空前的人口流动大潮。与此同时，我国居民的社会信任水平并不乐观。接下来，本章将以翔实的数据对近些年来我国人口流动状况以及居民的社会信任水平状况进行描述性分析。本章包括了三节：第一节是我国人口流动的政策背景、现状和变化趋势；第二节是我国居民社会信任水平的现状和变化趋势；第三节是我国人口流动和居民社会信任水平的作用关系。

第一节　中国人口流动的政策背景、现状和变化趋势

我国人口流动是在怎样的政策背景发生的，目前人口流动的形势如何？人口流动过程有没有表现出一些变化趋势？本节将利用现有的政策文件资料、历年人口普查资料、历年1%人口抽样调查资料和部分年份全国流动人口动态监测数据进行分析，内容安排上包括两方面：一是对我国人口流动的政策背景进行梳理，二是对近些年来我国人口流动的现状、特征及变化趋势加以描述。

一、中国人口流动的政策背景

改革开放以来，政府在不同时期根据社会经济状况出台了不同的人口流动政策，这些政策大体可以分为五个阶段：

（一）严格控制阶段（1978—1983年）

1978年，改革首先从农村地区开始，随着农村改革的突破和推进，农村劳动力的生产积极性大大提高，出现了大量的农村剩余劳动力。但此时城市相关的就业改革没有开始，并且城镇地区就业压力大以及以户籍制度为核心的城乡二元体制仍然不可侵犯，使得改革开放初期人口流动依然受到严格控制。1981年，中央在提出城市实行合同工、临时工、固定工相结合的多种就业形式的同时，又进一步强化了农村劳动力流动管理。

表 4-1   **1978—1983 年人口流动政策要点**

发布时间	颁布单位	文件名称	政　策　要　点
1980 年	中共中央、国务院	关于进一步做好城镇劳动就业工作的通知	对农业剩余劳动力，要采取发展社队企业和城乡联办企业等办法加以吸收，并逐步建设新的小城镇。要控制农业人口盲目流入大中城市，控制吃商品粮人口的增加。要压缩、清退来自农村的计划外用工。确需从农村中招工的，要从严控制，须经省（市、自治区）人民政府批准。
1981 年 10 月	中共中央、国务院	关于广开门路，搞活经济，解决城镇就业问题的若干决定	对农村多余劳动力通过发展多种经营和兴办社队企业，就地适当安置，不使其涌入城镇。对于农村人口、劳动力迁进城镇，应当按照政策从严掌握。农村人口迁入城镇的要严格履行审批手续，公安、粮食、劳动等部门要分工合作把好关，不要政出多门。要严格控制使用农村劳动力，继续清退来自农村的计划外用工。
1981 年 12 月	国务院	关于严格控制农村劳动力进城务工和农业人口转为非农业人口的通知	严格控制从农村招工；认真清理企业、事业单位使用的农村劳动力；加强户口和粮食管理。

（二）允许流动阶段（1984—1988 年）

在这一阶段，改革开放已由农村发展到城市，城市新增了农村劳动力的就业机会，同时由于农村改革使得农产品产量大幅度增加，满足了农民进城就业所需的食品需求。从 1984 年开始，国家出台了允许农民自理口粮到集镇落户的政策。这是我国农村劳动力流动政策变动的重要标志，它表明了实行 30 年的限制城乡人口流动的就业管理制度开始松动。随后，政府还出台了一些促进农村劳动力流动的政策，使得农村劳动力流动进入了一个较快的增长时期。

表 4-2   **1984—1988 年人口流动政策要点**

发布时间	颁布单位	文件名称	政　策　要　点
1984 年 1 月	中共中央	关于 1984 年农村工作的通知	允许务工、经商、办服务业的农民自理口粮到集镇落户。

发布时间	颁布单位	文件名称	政 策 要 点
1984 年 10 月	国务院	关于农民进入集镇落户问题的通知	农民进入集镇务工、经商、办服务业，对促进集镇的发展，繁荣城乡经济，具有重要的作用，对此应积极支持。 凡申请到集镇务工、经商、办服务业的农民和家属，在集镇有固定住所，有经营能力，或在乡镇企事业单位长期务工的，公安部门应准予落常住户口，及时办理入户手续，发给《自理口粮户口簿》，统计为非农业人口。为了使在信贷务工、经商、办服务业的农民保持稳定，乡镇人民政府和村民委员会对其留居农村的家属不得歧视；对到集镇落户的，要事先办好承包土地的转让手续，不得撂荒；一旦因故返乡的应准予迁回落户，不得拒绝。
1985 年 1 月	中共中央、国务院	关于进一步活跃农村经济的十项政策	允许农民进城开店设坊，兴办服务业，提供各种劳务。城市要在用地和服务设施方面提供便利条件。
1986 年 7 月	国务院	关于国营企业招用工人的暂行规定	企业招用工人，应当公布招工简章，符合报考条件的城镇行业人员和国家允许从农村招用的人员，均可报考。
1988 年 7 月 5 日	劳动部、国务院贫困地区经济开发领导小组	关于加强贫困地区劳动力资源开发工作的通知	将大力组织劳务输出，作为贫困地区劳动力资源开发的重点。 按照"东西联合，城乡结合，定点挂钩，长期协作"的原则，组织劳动力跨地区流动。沿海经济发达地区、大中城市的劳动部门要有计划地从贫困地区吸收劳动力，要动员和组织国营企业招用一部分贫困地区的劳动力；鼓励和支持大中型企业与贫困地区建立挂钩联系，共同创办劳务基地，发展长期劳务合作。要发挥国营、集体劳务组织的作用，重视发挥已有民间劳务组织、能人的作用，通过经济手段，利用联营、代理等多种形式，开拓劳务市场，为搞活劳动力流动创造条件。

（三）控制盲目流动阶段（1989—1991 年）

这一时期政府对人口流动政策进行了局部调整，加强了对盲目流动的管理。这一方面是因为国家允许农村劳动力进入城镇务工经商，农村劳动力流入城镇数量增多，给城市建设做出贡献的同时，也对流入地产生了负面影响，比如交通运输拥挤、社会治安不稳定、劳动力市场混乱等。另一方面，由于治理经济环境、整顿经济秩序造成城市和乡镇企业就业机会的减少，限制了农村劳动力向城镇流动。

表 4-3　　　　　　　　　　　　**1989—1991 年人口流动政策要点**

发布时间	颁布单位	文件名称	政策要点
1989 年 3 月	国务院办公厅	关于严格控制民工外出的紧急通知	各地人民政府采取有效措施，严格控制当地民工外出。
1989 年 4 月	民政部、公安部	关于进一步做好控制民工盲目外流的通知	各地人民政府采取有效措施，严格控制当地民工盲目外流。
1990 年 4 月	国务院	关于进一步做好劳动就业工作的通知	对农村富余劳动力，要引导他们"离土不离乡"，使农村富余劳动力就地消化和转移，防止出现大量农村劳动力盲目进城找活干的局面。对农村劳动力进城务工，要运用法律、行政、经济的手段和搞好宣传教育，实行有效控制，严格管理。确定一个时期内城市使用农村劳动力的规划，由劳动部门本着从严的精神负责统一审批，并建立临时务工许可证和就业登记制度，加强对单位用工的监督检查。对现有计划外用工，要按照国家政策做好清退工作，重点清退来自农村的计划外用工，使他们尽早返回农村劳动。
1991 年 2 月	国务院办公厅	关于劝阻民工盲目去广东的通知	各级人民政府要从严或暂停办理民工外出务工手续。回乡过节的民工，如没有签订续聘合同，要劝阻他们不要再盲目进粤寻找工作。返回工作岗位履约的民工，不要盲目带人到广东。 对大量南下在途的民工，有关地区各级人民政府要组织力量，切实采取措施，就地进行劝阻，并及时通报广东省人民政府。

（四）规范流动阶段（1992—1999 年）

　　1992 年邓小平视察南方谈话的发表和中共十四大的召开，使得我国改革开放和现代化建设进入了新时期。社会经济的快速发展对劳动力资源的需求扩张，农村剩余劳动力开始大规模快速转移，乡城流动和跨区域流动的迅速增加成为这一时期劳动力流动的突出特点，农村劳动力转移由"离土不离乡"为主逐渐转变为"离土又离乡"为主。这一时期，政府对劳动力流动的政策也发生了变化，由"控制盲目流动的局部调整"转变为"鼓励、引导和实行宏观调控下的有序流动"，开始实施以就业证卡管理为中心的农村劳动力跨地区流动的就业制度。

表 4-4   1992—1999 年人口流动政策要点

发布时间	颁布单位	文件名称	政 策 要 点
1993 年 11 月	中共中央	关于建立社会主义市场经济体制若干问题的决定	鼓励和引导农村剩余劳动力逐步向非农产业转移和地区间有序流动。
1994 年 11 月	劳动部	关于农村劳动力跨省流动就业的暂行规定	首次规范流动就业证卡管理制度：被用人单位跨省招收的农村劳动者，外出之前，须持身份证和其他必要的证明，在本人户口所在地的劳动就业服务机构进行登记并领取外出人员就业登记卡；到达用人单位后，须凭出省登记卡领取当地劳动部门颁发的外来人员就业证；证、卡合一生效，简称流动就业证，作为流动就业的有效证件。
1995 年	中共中央办公厅、国务院办公厅	关于加强流动人口管理工作的意见	促进农村剩余劳动力就地就近转移；提高流动的组织化、有序化程度；实行统一的流动人口就业证和暂住证制度；整顿劳动力市场。
1997 年 11 月	国务院办公厅	关于进一步做好组织民工有序流动工作的通知	加快劳动力市场建设，建立健全劳动力市场规则，明确劳动力供求双方、中介服务以及市场管理的行为规范。劳动部门要按照统一、开放、竞争、有序的原则，制定劳动力市场发展规划，会同有关部门切实加强对劳务中介服务组织的管理和指导，通过加强法律、行政、社会舆论监督等手段强化市场监管，坚决打击市场欺诈、非法职业介绍、牟取暴利等违法行为，维护劳动力市场的正常秩序。
1998 年 10 月	中共中央	关于农业和农村工作若干重大问题的决定	适应城镇和发达地区的客观需要，引导农村劳动力合理有序流动。

（五）公平流动阶段（2000 年以来）

进入 21 世纪，我国进入了全面建设小康社会阶段，为了缩小传统二元经济格局下城乡收入差距，国家高度重视农村剩余劳动力转移和就业问题，国家关于劳动力流动和就业的政策发生了一些积极变化。这些变化有以下两个突出特点：一是赋予城乡统筹就业以新的具体含义，即取消对农民进城就业的各种不合理限制，实现城乡统筹，① 建立全国统一的劳动力市场；二是积极推进诸多方面的配套改革，农村劳动力流动涉及就业、保障、户籍、教育、住房、小城镇建设等多方面。

_____

① 城乡统筹就是要打破传统的计划经济体制下形成的利用行政手段将劳动力分割为城镇劳动力和农村劳动力，以及本地劳动力和外来劳动力的就业管理机制和社会保障体系。

表 4-5　　　　　　　　　　　　　　2000 年以来人口流动政策要点

发布时间	颁布单位	文件名称	政　策　要　点
2000 年 7 月	劳动保障部等 7 部门	关于进一步开展农村劳动力开发就业试点工作的通知	改革城乡分割体制，取消对农民进城就业的不合理限制。
2001 年 3 月	全国人大	中华人民共和国国民经济和社会发展第十个五年计划纲要	要打破城乡分割体制，逐步建立市场经济体制下的新型城乡关系，改革城镇户籍制度，形成城乡人口有序流动的机制，取消对农村劳动力进入城镇就业的不合理限制，引导农村富余劳动力在城乡、地区间有序流动。 破除地区封锁，反对地方保护主义，废除阻碍统一市场形成的各种规定。 坚持城乡统筹的改革方向，推动城乡劳动力市场逐步一体化。
2001 年 3 月	国务院	关于推进小城镇户籍管理制度改革的意见	经批准在小城镇落户的人员，在入学、参军、就业等方面与当地原有城镇居民享有同等权利，履行同等义务，不得对其实行歧视性政策。
2003 年 1 月	国务院办公厅	关于做好农民进城务工就业管理和服务工作的通知	取消对农民进城务工就业的不合理限制；切实解决拖欠和克扣农民工工资问题；改善农民工的生产生活条件；做好农民工培训工作；多渠道安排农民工子女就学；加强对农民工的管理。
2004 年 12 月	国务院办公厅	关于进一步做好改善农民进城就业环境工作的通知	取消专为农民工设置的登记项目，实行暂住证一证管理。城市各级公共职业介绍机构要免费向农民工开放，进一步解决拖欠农民工工资问题。
2008 年 1 月	中共中央、国务院	关于切实加强农业基础建设进一步促进农业发展农民增收的若干意见	加强小城镇基础设施建设。探索在城镇有稳定职业和固定居所的农民登记为城市居民的办法。建立农民工工资正常增长和支付保障机制。健全农民工社会保障制度，加快制定与现行制度相衔接的农民工养老保险办法，扩大工伤、医疗保险覆盖范围。

二、中国人口流动的现状及变化趋势

(一) 人口流动的总体状况

1. 流动人口的规模

流动人口数量增长迅速。图 4-1 显示，在改革开放初期的 1982 年，我国流动人口数量为 657 万，在随后的若干年中，流动人口规模急剧扩张，1990 年、2000 年和 2010 年分别增长至 0.21 亿、1.02 亿和 2.21 亿，2014 年进一步增长至 2.53 亿人，达到了前所未有的规模，约占当年全国总人口的 18.51%，相当于每 6 人中就有 1 人是流动人口；2015 年和 2016 年分别为 2.47 亿和 2.45 亿人，虽然出现了小幅度下降，但规模依然很大。

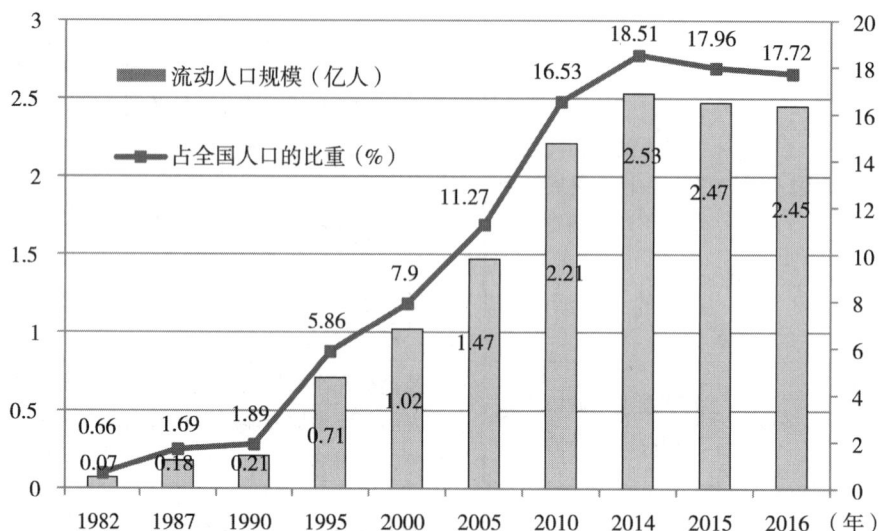

图 4-1　1982—2016 年我国流动人口规模

资料来源：1982—2000 年流动人口规模引自段成荣等：《改革开放以来我国流动人口变动的九大趋势》，《人口研究》，2008 年第 6 期；2005 年数据引自国家统计局：《2005 年全国 1% 人口抽样调查主要数据公报》；2010 年数据引自国家统计局：《2010 年第六次全国人口普查主要数据公报》；其他年份流动人口规模引用历年《中国流动人口发展报告》。历年全国人口数量来自国家统计局网站。

2. 流动人口的流向

（1）区域流向

流动人口主要流向东部地区，但近年来这一趋势有所减缓。从表 4-6① 可以看到，我国流动人口主要流向了东部地区，并且在 2005 年以前，这一趋势逐渐加强。具体来说，1982 年东部地区吸收的流动人口占全国流动人口的比例为 38.44%，而到 1990 年、2000 年和 2005 年，这一比例分别上升至 49.17%、56.95% 和 64.60%。但在近些年，流动人口在东部集中的趋势有所减弱。2010 年和 2015 年东部地区吸收的流动人口占全国流动人口的比例依次降低至 56.86% 和 54.80%。相应地，中西部地区吸收的流动人口占全国流动人口的比例在早些年份趋于降低但在近些年趋于上升。具体来说，中西部地区吸收的流动

————————

① 根据国家统计局的统计口径，流动人口是指人户分离人口中扣除市辖区内人户分离的人口，其中市辖区内人户分离人口是指一个直辖市或地级市所辖区内和区与区之间，居住地和户口登记地不在同一乡镇街道的人口。表中数据是已经减去市辖区内人户分离人数后的估算数据，本章下表同。

人口比例从 1982 年的 37.93% 和 23.63% 分别降低至 2005 年的 17.14% 和 18.26%，但在近些年这一比例有所上升，2015 年该比例分别增加至 21.73% 和 23.47%。这说明，虽然我国当前流动人口主要还是流向东部地区，但这一趋势有所减缓，中西部地区吸收流动人口的能力在增强。

表 4-6　**1982—2015 年东中西①三大区域吸收的流动人口占全国流动人口的比例（%）**

年份 地区	1982 年	1987 年	1990 年	2000 年	2005 年	2010 年	2015 年
东部	38.44	43.78	49.17	56.95	64.60	56.86	54.80
中部	37.93	28.74	29.01	20.41	17.14	20.47	21.73
西部	23.63	27.48	21.82	22.64	18.26	22.67	23.47
合计	100	100	100	100	100	100	100

数据来源：根据历年人口普查和 1% 人口抽样调查资料估算所得，同时参考了段成荣等：《我国流动人口的流入地分布变动趋势研究》，《人口研究》2009 年第 6 期。

（2）省份流向

① 吸收流动人口最多的 5 个省份依次是广东、浙江、江苏、四川、山东，共占全国流动人口总数的 40.22%

从表 4-7 可以看到，2015 年吸收流动人口最多的 5 个省份依次是广东、浙江、江苏、四川、山东，上述各省吸收的流动人口分别占全国流动人口 15.53%、7.20%、6.72%、5.40% 和 5.37%，它们吸收的流动人口共占全国流动人口的 40.22%。其次，福建、上海、湖北、河南、湖南、北京吸收的流动人口也相对较多，这些省市吸收的流动人口分别占全国流动人口的 4.39%、4.14%、3.89%、3.56%、3.54% 和 3.48%。

表 4-7　　　　　**1982—2015 年各省吸收的流动人口占全国流动人口的比例（%）**

年份 省份	1982 年	1987 年	1990 年	2000 年	2005 年	2010 年	2015 年
北京	2.07	5.03	2.28	2.54	3.17	3.51	3.48
天津	1.62	1.34	3.13	0.74	1.10	1.56	1.70
河北	4.74	3.65	2.88	3.36	2.89	3.02	3.25

---

①　根据国家统计局关于东中西的划分，东部地区包括北京、天津、河北、辽宁、上海、江苏、浙江、福建、山东、广东和海南 11 个省市，中部地区包括山西、吉林、黑龙江、安徽、江西、河南、湖北、湖南 8 个省份，西部地区包括内蒙古、广西、重庆、四川、贵州、云南、西藏、陕西、甘肃、青海、宁夏、新疆 12 个省份。其他章节关于区域的划分与此相同。

续表

年份 省份	1982年	1987年	1990年	2000年	2005年	2010年	2015年
山西	4.18	6.49	2.67	2.33	1.80	2.50	2.36
内蒙古	3.79	5.13	3.37	2.80	2.67	2.77	2.39
辽宁	4.37	4.40	3.76	3.05	3.34	2.87	2.29
吉林	3.83	3.72	2.21	1.88	1.42	1.43	1.54
黑龙江	8.60	4.90	5.82	2.62	2.19	1.91	1.55
上海	3.07	5.11	5.06	4.14	4.45	4.35	4.14
江苏	5.06	4.71	4.97	6.36	7.60	7.09	6.72
浙江	3.14	3.16	4.01	6.37	8.53	8.42	7.20
安徽	4.85	3.45	5.12	2.15	2.55	2.57	3.12
福建	3.73	2.38	4.79	3.93	5.76	4.63	4.39
江西	2.51	1.79	2.62	1.99	2.00	2.02	2.18
山东	5.39	3.02	3.47	4.89	4.81	5.13	5.37
河南	6.31	1.86	4.16	3.19	2.03	3.64	3.56
湖北	4.53	3.62	3.89	3.50	2.20	3.31	3.89
湖南	3.13	2.91	2.51	2.76	2.96	3.10	3.54
广东	5.23	10.97	13.23	20.87	22.37	15.53	15.53
广西	2.34	1.81	2.20	2.43	1.89	2.52	2.38
海南	—	—	1.58	0.70	0.58	0.75	0.73
重庆	—	—	—	1.47	1.20	1.92	2.08
四川	3.56	4.66	4.75	4.20	3.91	4.70	5.40
贵州	1.69	1.96	1.01	1.77	1.55	1.88	1.98
云南	1.72	1.72	2.47	2.96	2.43	2.52	2.59
西藏	—	—	0.06	0.20	0.08	0.12	0.16
陕西	3.15	1.26	2.83	1.78	1.48	2.23	2.47
甘肃	2.00	1.97	1.44	1.17	0.75	1.18	1.25
青海	0.92	0.73	0.83	0.41	0.34	0.45	0.40

续表

年份 省份	1982 年	1987 年	1990 年	2000 年	2005 年	2010 年	2015 年
宁夏	0.48	1.05	0.10	0.53	0.34	0.58	0.57
新疆	4.03	6.84	2.76	2.93	1.63	1.81	1.79
合计	100.00	100.00	100.00	100.00	100.00	100.00	100.00

数据来源：根据历年人口普查和 1% 人口抽样调查资料估算所得，同时参考了段成荣等：《我国流动人口的最新状况》，《西北人口》2013 年第 6 期。

② 流动人口从流向传统工业省份和资源型省份转向加强流向东部沿海省份，并于近年来开始加强向中西部省份流动

从表 4-7 可以看到，1982 年三普时期，传统工业省份黑龙江是吸收流动人口最多的省份，其吸收的流动人口占当年全国流动人口总数的 8.60%，另外两个传统工业省份吉林和辽宁也吸收较多的流动人口，这一比例分别为 4.37% 和 3.83%。但在 2005年，这三个省份吸收的流动人口占比分别降低至 2.19%、1.42% 和 3.34%，共降低了9.85 个百分点。此外，同在 1982 年，资源型省份河北、山西、内蒙古、新疆吸收的流动人口分别占全国总流动人口的 4.74%、4.18%、3.79% 和 4.03%，但在 2005 年，这四个省份吸收的流动人口比例分别降低至 2.89%、1.80%、2.67% 和 1.63%，共降低了 7.75 个百分点。

而从 1982—2005 年，东部沿海省份吸收的流动人口比例上升显著，最具代表性的是广东省，1982 年广东省吸收的流动人口占全国流动人口的比例为 5.23%，而在 2005 年，这一比例上升至 22.37%；其他东部沿海省份上海、江苏、浙江、福建该比例上升得也比较明显，分别从 1982 年的 3.07%、5.06%、3.14% 和 3.73% 上升至 2005 年的 4.45%、7.60%、8.53% 和 5.76%，共上升了 11.34 个百分点。

而近些年中西部地区省份吸收的流动人口比例开始上升。2005 年，中部省份山西、河南、湖北、湖南吸收流动人口的比例分别为 1.80%、2.03%、2.20% 和 2.96%，而 2015年这一比例分别上升至 2.36%、3.56%、3.89% 和 3.54%。就西部省份而言，重庆、四川、贵州、陕西、甘肃吸收流动人口的比例分别从 2005 年的 1.20%、3.91%、1.55%、1.48% 和 0.75% 上升至 2015 年的 2.08%、5.40%、1.98%、2.47% 和 1.25%。其他中西部省份从 2005 年到 2015 年吸收的流动人口比例也有不同程度的上升。

（3）行业流向①

---

① 由于公开的历次人口普查和 1% 人口抽样调查数据没有关于行业相关的数据，因此本书采用国家卫生和计划生育委员会组织实施的全国流动人口动态监测调查数据进行分析。该调查最早开始于 2010年，因此没有更早的调查数据进行比较分析。需要指出的是，该调查针对的对象是在流入地居住一个月以上，非本区（县、市）户口的 15 周岁及以上流入人口。因此没有覆盖县内跨乡的流动人口。

① 流动人口流向人数最多的前四大行业是批发零售业，制造业，居民服务、修理和其他服务业以及住宿餐饮业，共占流动人口总数的74.93%

表4-8数据显示，2015年流动人口流向人数最多的四大行业是批发零售业，制造业，居民服务、修理和其他服务业以及住宿餐饮业，这四大行业吸收的流动人口占流动人口总数的比例依次为25.66%、19.75%、15.58%和13.94%，共占流动人口总数的74.93%。2010年，流动人口流向人数最多的四大行业也是上述四个行业，分别占比23.42%、21.51%、14.17%和14.31%，共占流动人口总数的73.41%。相对2010年，总占比略有上升。建筑业所吸收的流动人口相对较低且有下降趋势，2010年和2015年该比例分别是8.67%和7.46%。

表4-8　　**2010—2015年各行业吸收的流动人口占全国流动人口的比例（%）**

年份 代际 行业①	2010年			2015年		
	老一代	新生代	合计	老一代	新生代	合计
农林牧渔业	2.87	1.11	2.20	3.68	1.61	2.54
采掘业	1.74	0.83	1.39	1.68	1.04	1.33
制造业	18.07	27.11	21.51	16.97	22.01	19.75
建筑业	10.48	5.72	8.67	9.47	5.83	7.46
批发零售业	26.24	18.83	23.42	27.82	23.90	25.66
住宿餐饮业	12.46	17.32	14.31	13.31	14.45	13.94
居民服务、修理和其他服务业	13.34	15.51	14.17	16.09	15.16	15.58
交通运输、仓储及邮电通信业	5.12	3.98	4.69	5.10	6.19	5.70
金融、保险、房地产业	0.61	1.26	0.85	1.12	2.12	1.67
电煤水热生产供应	0.82	0.43	0.67	0.47	0.56	0.52
科研和技术服务	1.06	1.87	1.37	0.45	0.88	0.69
其他	7.19	6.07	6.75	3.84	6.25	5.16
合计	100	100	100	100	100	100
样本数	63592	39110	102702	76163	93389	169552

数据来源：2010年和2015年全国流动人口动态监测数据。

② 相对老一代②流动人口，新生代流动人口从事制造业和住宿餐饮业较多，从事农

---

① 本书没有严格按照国家统计局公布的20个行业进行分类统计，是因为2010年全国流动态监测调查中只细分了14个行业进行调查，为了便于比较分析，本书把部分行业进行了合并。

② 按照常规划分，把1980年以前出生的称为"老一代"，1980年及以后出生的称为"新生代"。

林牧渔业、建筑业和批发零售业较少

表 4-8 数据显示，无论是 2010 年还是 2015 年，相对于老一代，新生代流动人口从事制造业和住宿餐饮业较多，而从事农林牧渔业、建筑业和批发零售业相对较少。以 2015 年为例，新生代流动人口从事制造业和住宿餐饮业的人口比例分别为 22.01% 和 14.45%，要分别高于老一代流动人口 5.04 和 1.14 个百分点；而从事农林牧渔业、建筑业和批发零售业的人口比例分别为 1.61%、5.83% 和 23.90%，要分别低于老一代流动人口 2.07、3.64 和 3.92 个百分点。

（二）流动人口的个体特征及变化趋势

1. 性别

①流动人口中男性比例高于女性约 8 个百分点，且跨省流动人口中这一比例更高

表 4-9 数据显示，2015 年流动人口中男性比例为 53.96%，女性比例为 46.04%，前者比后者大约高 8 个百分点。从省内流动人口和跨省流动人口来看，省内流动人口中男性比例（51.47%）比女性比例（48.53%）高 2.94 个百分点，跨省流动人口中男性比例（57.79%）比女性比例（42.21%）高 15.58 个百分点。可以看出，跨省流动人口中男性的比例比省内流动人口该比例要高。

表 4-9　　**2005—2015 年不同类型的流动人口性别结构（%）**

性别 \ 年份 流动方式	2005 年			2015 年		
	省内流动	跨省流动	合计	省内流动	跨省流动	合计
男	50.07	52.15	50.94	51.47	57.79	53.96
女	49.93	47.85	49.06	48.53	42.21	46.04
合计	100	100	100	100	100	100

②流动人口中男性比例有所提高

2005 年，流动人口中男性和女性比例分别为 50.94% 和 49.06%，性别比约为 104：100；2015 年，流动人口中男性和女性比例分别为 53.96% 和 46.04%，性别比约为 117：100。可以看到，流动人口中男性比例有所提高。此外，对于省内流动人口和跨省流动人口也是如此。

2. 年龄

①流动人口以 15—49 岁青壮年为主，占比接近 80%；跨省流动人口中 50 岁以上比例低于省内流动人口

表 4-10 数据显示，2015 年我国流动人口中 15—29 岁和 30—49 岁分别占流动人口总数的 39.38% 和 37.91%，共占 77.29%。其次，50—64 岁和 65 岁以上人口分别占比 9.92% 和 3.04%。另外，从省内流动和跨省流动人口对比来看，无论是 2005 年还是 2015 年，50 岁以上跨省流动人口比例要相对较低。以 2015 年为例，跨省流动人口中

50—64 岁和 65 岁以上的比例分别为 8.76% 和 1.60%，省内流动人口这两者的比例分别为 10.67% 和 3.98%，前者分别低于后者 1.91 和 2.38 个百分点，一共低于后者 4.29个百分点。

表 4-10　　　　　　　　　2005—2015 年不同类型的流动人口年龄结构（%）

流动方式 年龄　　　　　年份	2005 年			2015 年		
	省内流动	跨省流动	合计	省内流动	跨省流动	合计
0—14 岁	14.36	8.99	12.09	10.67	8.35	9.75
15—29 岁	31.40	45.55	37.40	39.83	38.69	39.38
30—49 岁	36.63	38.84	37.56	34.85	42.60	37.91
50—64 岁	11.90	4.97	8.96	10.67	8.76	9.92
65 岁以上	5.71	1.64	3.99	3.98	1.60	3.04
合计	100	100	100	100	100	100

②流动人口中 50—64 岁比例有所上升，但年龄结构总体相对稳定

从 2005 年和 2015 年对比来看，50—64 岁年龄段的流动人口比例 2005 年为 8.96%，2015 年为 9.92%，上升了 0.96 个百分点；与此同时，65 岁以上的流动人口比例下降了 0.95 个百分点。从其他年龄段来看，2005 年 0—14 岁、15—29 岁、30—49 岁的比例分别为 12.09%、37.40% 和 37.56%，2015 年这三个年龄段的比例分别为 9.75%、39.38% 和 37.91%，可以看出，总体上年龄结构比较稳定。

3. 受教育程度①

①流动人口受教育程度以初中或高中为主，占比接近 60%；跨省流动人口受教育程度总体要低于省内流动人口

表 4-11 数据显示，2015 年，我国流动人口中受教育程度为初中和高中的比例分别为 36.91% 和 22.11%，共占流动人口总数的 59.02%。小学及以下和大专及以上分别占比 17.19% 和 23.79%。从省内流动人口和跨省流动人口对比来看，省内流动人口的受教育程度明显要高于跨省流动人口。以 2015 年为例，省内流动人口受教育程度为高中、大专、本科及以上的比例分别为 24.31%、13.73% 和 12.97%，而跨省流动人口这三者的比例分别为 18.72%、7.82% 和 11.52%，前者分别高于后者 5.59、5.91 和 1.45 个百分点。从小学及以下和初中所占比例来看，省内流动人口这两者比例分别为 16.70% 和 32.29%，跨省流动人口这两者比例分别为 17.94% 和 44.00%，前者分别低于后者 1.24 和 7.71 个百分点。

---

①　由于 2005 年 1% 人口抽样调查资料中的第十二卷迁移和户口登记地中没有公布流动人口的受教育程度情况，因此本书用 2010 年人口普查数据与 2015 年数据进行对比分析。

表 4-11　　　　　　**2010—2015 年不同类型的流动人口受教育程度结构（%）**

年份 流动方式 受教育程度	2005 年			2015 年		
	省内流动	跨省流动	合计	省内流动	跨省流动	合计
小学及以下	19.59	18.82	19.29	16.70	17.94	17.19
初中	38.71	52.84	44.22	32.29	44.00	36.91
高中或中职	24.86	16.76	21.70	24.31	18.72	22.11
大专	10.15	6.07	8.56	13.73	7.82	11.39
本科及以上	6.69	5.51	6.23	12.97	11.52	12.40
合计	100	100	100	100	100	100

②流动人口受教育程度有所提高

表 4-11 数据显示，相对 2010 年，2015 年流动人口的受教育程度有所提升。具体来说，2015 年流动人口中受教育程度为高中、大专、本科及以上的比例分别为 22.11%、11.39% 和 12.40%；而 2010 年这三者的比例分别为 21.70%、8.56% 和 6.23%，前者分别高于后者 0.41、2.81 和 6.17 个百分点。与此同时，2010 年小学及以下和初中的比例为 19.29% 和 44.22%，而 2015 年这两者比例分别降低至 17.19% 和 36.91%，因此我国流动人口受教育程度总体有所提高。

4. 流动原因

①工作就业、随同迁移和学习培训是当前人口流动的前三大原因，分别占比 45.59%、16.60% 和 13.44%

表 4-12 数据显示，2015 年，我国流动人口中因工作就业、随同迁移和学习培训而流动的比例分别占 45.59%、16.60% 和 13.44%，这三大原因共占 75.63%。其次，因拆迁搬家而流动的比例为 9.97%，因婚姻嫁娶而流动的比例为 5.34%。

表 4-12　　　　　　**2005—2015 年不同类型的流动人口流动原因结构①（%）**

年份 流动方式 流动原因	2005 年			2015 年		
	省内流动	跨省流动	合计	省内流动	跨省流动	合计
工作就业	32.27	74.73	46.71	32.90	71.18	45.59
学习培训	4.49	1.44	3.45	15.83	8.64	13.44

---

①　由于 2005 年 1% 人口抽样调查和 2015 年 1% 人口抽样调查关于流动原因的分类不完全一致，为了便于比较分析，本书把 2005 年中的"务工经商、工作调动、分配录用"统一归为"工作就业"，"投靠亲友、出差"归到"其他"中；对 2015 年中的"房屋拆迁、改善住房"统一归为"拆迁搬家"，"为子女就学"归到"其他"中。

续表

流动原因＼流动方式	2005 年			2015 年		
	省内流动	跨省流动	合计	省内流动	跨省流动	合计
随同迁移	17.38	9.99	14.87	18.85	12.06	16.60
拆迁搬家	14.81	0.54	9.95	14.51	0.81	9.97
寄挂户口	3.08	0.36	2.16	0.46	0.09	0.34
婚姻嫁娶	10.75	4.00	8.45	6.68	2.65	5.34
其　他	17.22	8.94	14.41	10.77	4.57	8.72
合计	100	100	100	100	100	100

②跨省流动人口中因工作就业而流动的比例高于省内流动人口这一比例38.28个百分点，而因其他原因而流动的比例都低于后者

表中数据显示，跨省流动人口中因工作就业而流动的比例明显高于省内流动人口，而其他原因的流动比例都低于后者。以2015年为例，跨省流动人口中因工作就业而流动的比例占71.18%，而省内流动人口这一比例为32.90%，前者是后者的2倍之余，高于后者38.28个百分点。而因随同迁移、拆迁搬家、婚姻嫁娶等原因而流动的比例分别低于后者6.79、13.70和4.03个百分点。

③因学习培训和随同迁移而流动的比例上升，因婚姻嫁娶而流动的比例降低

表中数据显示，从2005年到2015年，因学习培训而流动的比例从3.45%上升到13.44%，因随同迁移而流动的比例从14.87%上升到16.60%。而因婚姻嫁娶而流动的比例下降，从2005年的8.45%降低至2015年的5.34%。

5. 流动类型

①流动人口中省内流动约占60%，男性流动人口跨省流动的比例高于女性

表4-13数据显示，2015年省内流动的流动人口占全部流动人口的60.58%，跨省流动占39.42%。分性别来看，男性流动人口中跨省流动的占42.22%，而女性这一比例为36.14%，高于后者6.08个百分点。

表 4-13　　**2005—2015 年不同性别流动人口的流动类型结构**（%）

流动类型＼性别	2005 年			2015 年		
	省内流动	跨省流动	合计	省内流动	跨省流动	合计
省内流动	56.61	58.64	57.60	57.78	63.86	60.58
跨省流动	43.39	41.36	42.40	42.22	36.14	39.42
合计	100	100	100	100	100	100

②跨省流动的比例呈下降趋势

表中数据显示，跨省流动的比例从2005年的42.40%下降至2015年的39.42%，可以看出，我国流动人口跨省流动的比例在下降。无论是针对男性流动人口还是针对女性流动人口均存在这一规律。具体来说，男性跨省流动的比例从2005年的43.39%降低至2015年的42.22%，女性跨省流动的比例从2005年的41.36%降低至2015年的36.14%。

6. 户口登记地类型

①来自农村的流动人口接近一半，跨省流动来自农村的比例高于省内流动

表4-14数据显示，2015年来自农村的流动人口占流动人口总数的48.30%，其次是来自城市的28.03%，来自镇的这一比例为23.67%。从省内流动和跨省流动对比来看，跨省流动中来自农村的流动人口占比57.72%，而省内流动人口中该比例为43.63%。同时，跨省流动人口中来自城市的比例（17.46%）要低于省内流动这一比例（33.27%）15.81个百分点。

表4-14　　　**2005—2015年不同类型的流动人口户口登记地类型结构（%）**

户口登记地类型 \ 流动方式 \ 年份	2005年			2015年		
	省内流动	跨省流动	合计	省内流动	跨省流动	合计
城市	20.47	37.20	26.16	33.27	17.46	28.03
镇	41.45	51.54	44.88	23.10	24.82	23.67
农村	38.08	11.26	28.96	43.63	57.72	48.30
合计	100	100	100	100	100	100

②来自农村的流动人口比例上升，而来自镇的流动人口比例下降

表中数据显示，2005年来自农村的流动人口比例为28.96%，而2015年这一比例上升至48.30%，这可能是因为我国市场经济的发展进一步为农村劳动力创造了更多的就业岗位，吸引了农村劳动力的外出。与此同时，来自镇的流动人口从2005年的44.88%下降至2015年的23.67%。

（三）各地区人口流动性、外来人口占比和人口外流比重状况

图4-2给出了地区人口流动性的核密度图，从图中可以看到，人户分离比重的核密度图波峰对应的人户分离比重在9%左右，绝大多数地级市的这一比值都在20%以下。

图4-3给出了地区外来人口占比的核密度图，从图中可以看到，波峰对应的外来人口

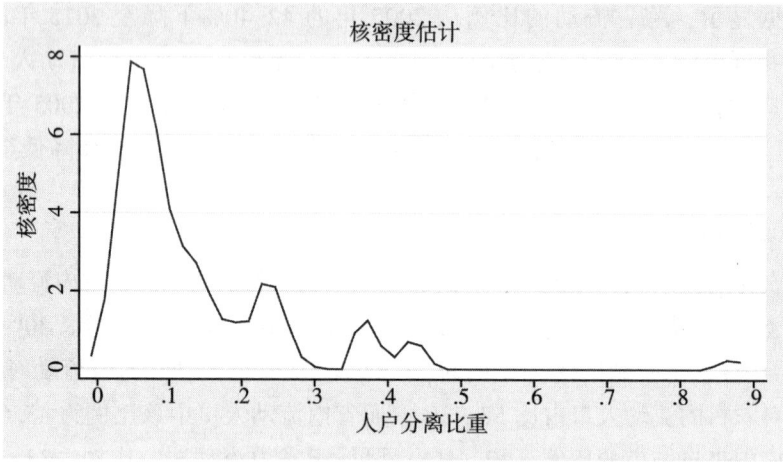

图 4-2 地区人口流动性的核密度

占比大约为 4%，而绝大多数地级市的外来人口占比都在 10% 以下。

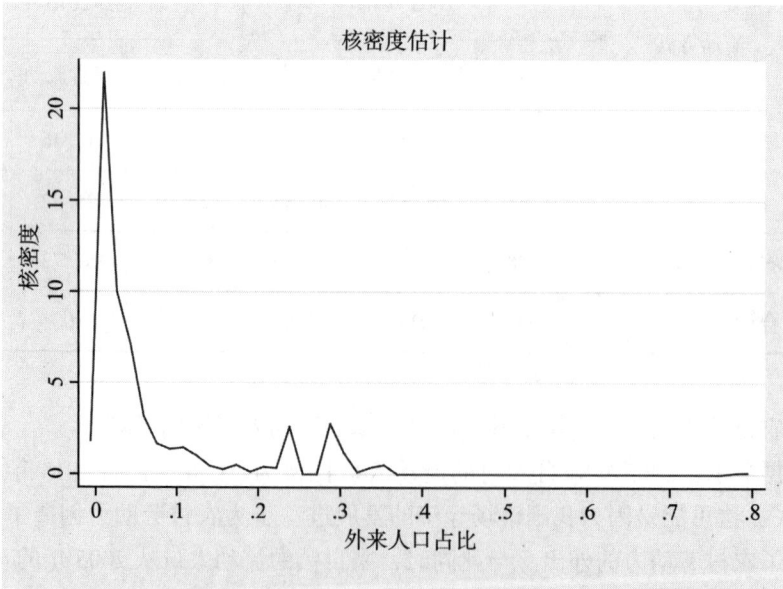

图 4-3 地区外来人口占比的核密度

图 4-4 给出了地区人口外流比重的核密度图，从图中可以看到，波峰对应的人口净流出比重在 4% 左右。

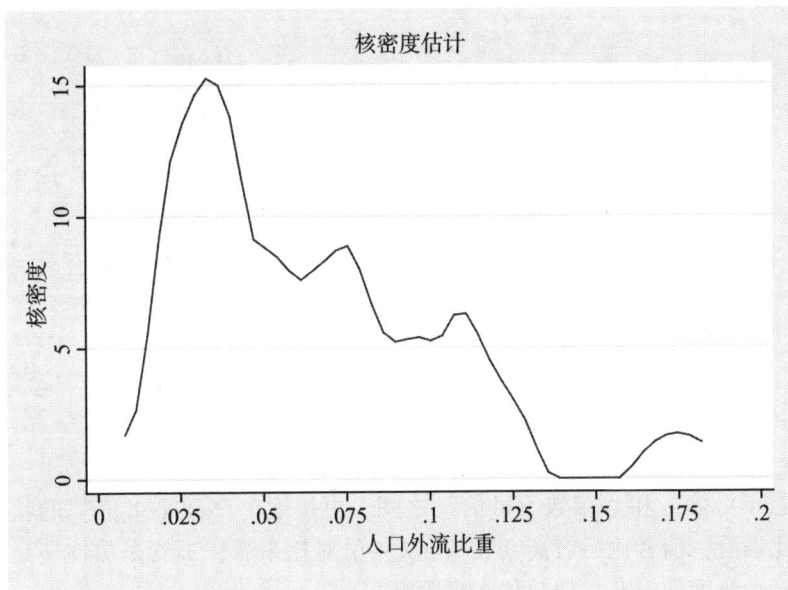

图 4-4 地区人口外流比重的核密度

第二节 中国居民社会信任水平的现状及变化趋势

近年来，我国居民的社会信任水平如何？不同群体的社会信任水平是否存在差异？本节将利用中国综合社会调查2005年和2015年（CGSS2005和CGSS2015）的数据对此进行分析。关于社会信任的调查，这两年的调查问题相同，问卷中的问题是"在不直接涉及金钱利益的一般社会交往/接触中，您觉得陌生人中可以信任的人多不多呢？1. 绝大多数不可信；2. 多数不可信；3. 可信者与不可信者各半；4. 多数可信；5. 绝大多数可信"。剔除了社会信任变量缺失值后，2005年样本量为10262个，2015年样本量为10754个。

一、中国居民社会信任水平的总体状况

图4-5显示，2005年，我国居民社会信任水平为1.832；2015年，居民社会信任水平为1.949，虽然较2005年呈现小幅度上升，但是这两年社会信任都处于较低水平，处于"绝大多数不可信"和"多数不可信"之间，接近"多数不可信"的状况。

二、不同群体社会信任水平的比较分析

（一）不同性别

表4-15数据显示，2015年，男性和女性的社会信任水平分别为1.980和1.923，处

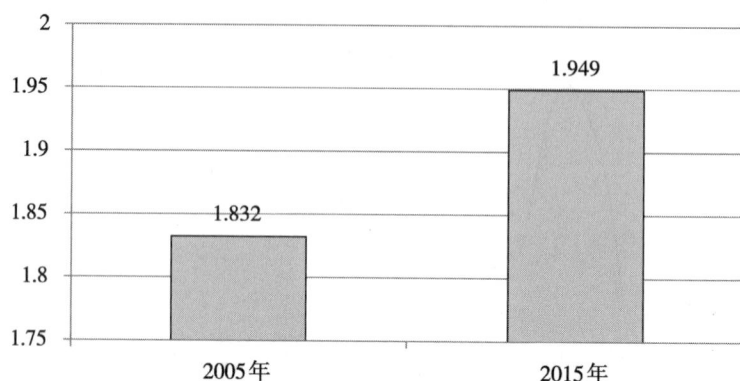

图 4-5　2005—2015 年中国居民社会信任水平的总体状况

于"绝大多数不可信"和"多数不可信"之间，更接近"多数不可信"的状况。从男性和女性的对比来看，前者比后者高 0.057。从年份对比来看，不管是男性还是女性，社会信任水平有着小幅度的提升，但总体水平不高。

表 4-15　　　　　　　　　　　2005—2015 年不同性别社会信任水平

社会信任	年份 性别	2005 年			2015 年		
		男性	女性	总体	男性	女性	总体
社会信任水平		1.845	1.821	1.832	1.980	1.923	1.949
样本量		4870	5392	10262	5028	5726	10754

（二）不同年龄

从图 4-6 可看到，居民的社会信任水平和其年龄呈现先下降后上升的 U 型曲线关系。以 2015 年为例，18—30 岁、30—40 岁、40—50 岁、50 岁及以上居民的社会信任水平分别为 2.026、1.893、1.927 和 1.952，呈现先下降后上升的趋势。而 2005 年这一变化趋势同样成立。①

（三）不同文化程度

图 4-7 显示，居民的社会信任水平和其受教育程度呈现先下降后上升的 U 型关系。以

_____

①　2005 年 18—30 岁、30—40 岁、40—50 岁、50 岁及以上年龄组的样本量分别为 1690 个、2443 个、2357 个、3772 个，合计 10262 个；2015 年这四个年龄组的样本量分别为 1524 个、1457 个、2202 个、5571 个，合计 10754 个。

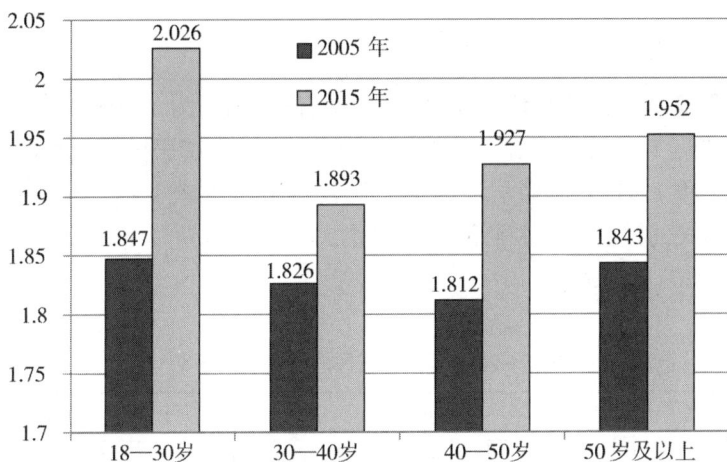

图 4-6 2005—2015 年不同年龄段居民的社会信任水平

2015 年为例，小学及以下、初中、高中、大专、本科及以上各组居民的社会信任水平分别为 1.949、1.838、1.933、2.044 和 2.236，即初中文化程度组居民的社会信任水平低于小学及以下文化程度居民的社会信任水平，但是从初中文化组开始，高中、大专、本科及以上组别的居民社会信任依次提高。2005 年也具有相同的变化规律，不再赘述。①

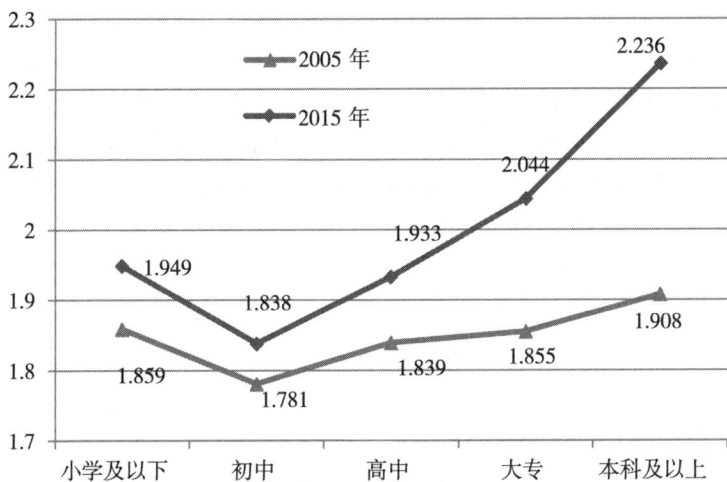

图 4-7 2005—2015 年不同受教育程度居民的社会信任水平

---

① 2005 年小学及以下、初中、高中、大专、本科及以上各组的样本量分别为 3799 个、3065 个、2353 个、672 个和 362 个，合计 10251 个；2015 年这四个年龄组的样本量分别为 3952 个、3028 个、1928 个、770 个和 964 个，合计 10642 个。

（四）城乡对比①

表 4-16 数据显示，2005 年城镇地区居民社会信任水平为 1.803，农村地区居民社会信任水平为 1.875，略高于城镇地区居民；而 2015 年，城镇居民和农村居民社会信任水平分别为 1.973 和 1.915，城镇居民略高，比较接近。总体来看，不管是 2005 年还是 2015 年，城乡居民的社会信任水平都处于"绝大多数不可信"和"多数不可信"之间，接近"多数不可信"的状况。

表 4-16　　　　　　　　**2005—2015 年城乡居民的社会信任水平**

年份 城乡 社会信任	2005 年			2015 年		
	城镇	农村	总体	城镇	农村	总体
社会信任水平	1.803	1.875	1.832	1.973	1.915	1.949
样本量	6050	4212	10262②	6326	4428	10754

第三节　人口流动与居民社会信任水平的作用关系

本节会对地区人口流动性和居民社会信任水平、地区外来人口占比和流入地居民社会信任水平、地区人口外流比重和流出地居民社会信任水平以及个体流动状态和流动者自身社会信任水平之间关系加以描述分析，其中前三部分使用的数据是 2005 年中国综合社会调查数据（CGSS2005）和相匹配的 2005 年各省份 1%人口抽样调查资料、2005 年全国 1%人口抽样调查微观数据库、各省份统计年鉴数据，分析的层面为地级市层面（除了直辖市是省级层面），最后一部分使用的数据是中国综合社会调查 2015 年数据（CGSS2015）。

一、人口流动性与居民的社会信任水平

（一）总体关系

图 4-8 是 2005 年地区人口流动性和该地区居民社会信任水平的总体关系，其中横轴表示地区人口流动性，纵轴表示该地区居民的社会信任水平。从图中可以看到，2005 年地区人口流动性和该地区居民社会信任水平之间呈现显著的 U 型关系。

---

① 按照调查地区在城镇还是农村进行划分。

② 2005 年城镇居民和农村居民的样本数之和小于总体样本数，是因为户口变量存在缺失值，但在报告总体样本数时仍按照最大值来统计的。同理，2015 年也如此。

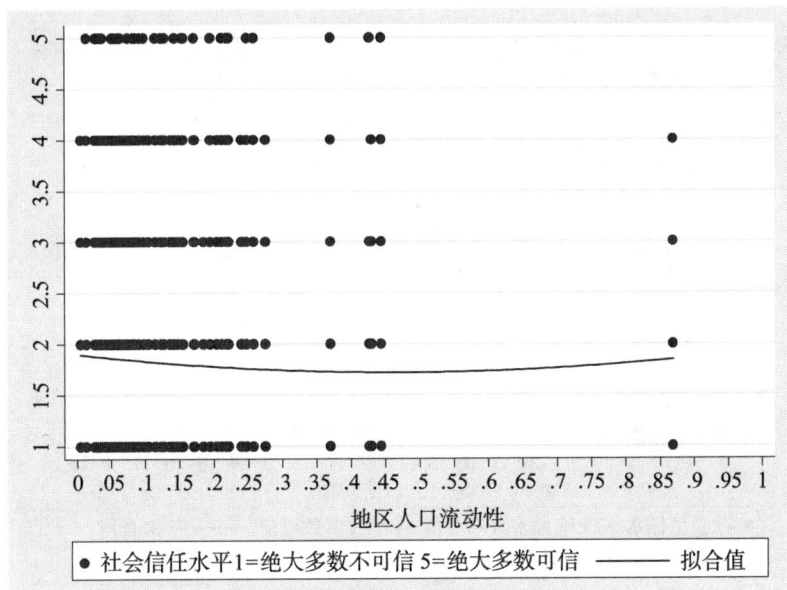

图 4-8　2005 年地区人口流动性和居民社会信任水平散点图

（二）不同群体两者之间的关系

1. 不同年龄组

图 4-9 是按照年龄分组的地区人口流动性和居民社会信任水平散点图。从图中可看到，无论是 45 岁以下组别还是 45 岁及以上组别，地区人口流动性和社会信任水平都呈现 U 型关系。

2. 不同文化程度

图 4-10 是按照受教育分组的地区人口流动性和居民社会信任水平散点图。从图中可看到，无论是初中及以下组别还是高中及以上组别，地区人口流动性和社会信任水平都呈现 U 型关系。

3. 城乡

图 4-11 是按照城乡分组的地区人口流动性和居民社会信任水平散点图。从图中可以看到，城镇地区人口流动性和居民的社会信任水平呈现为 U 型关系，农村地区两者 U 型关系曲线更为明显。

二、外来人口与流入地居民的社会信任水平

（一）总体关系

图 4-12 是 2005 年外来人口占比和流入地居民社会信任水平的散点图，其中横轴是地

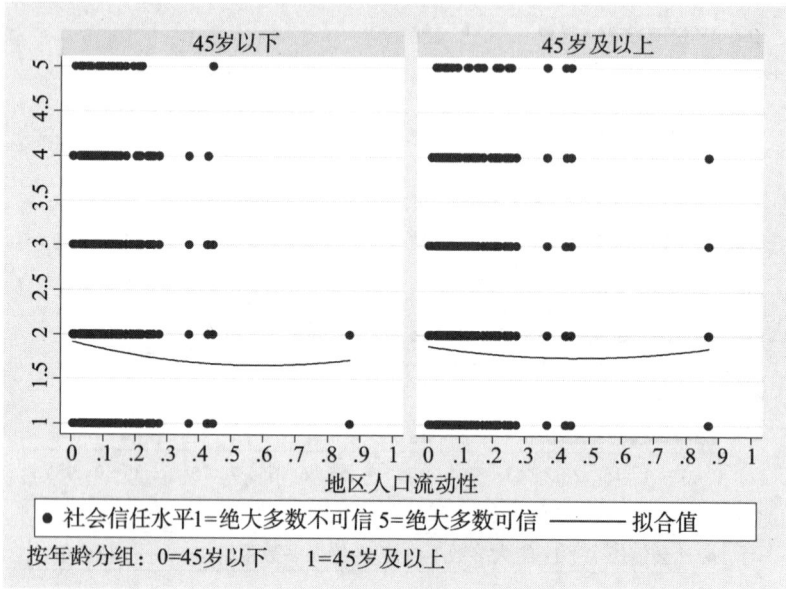

图 4-9 按年龄分组的地区人口流动性和居民社会信任水平散点图

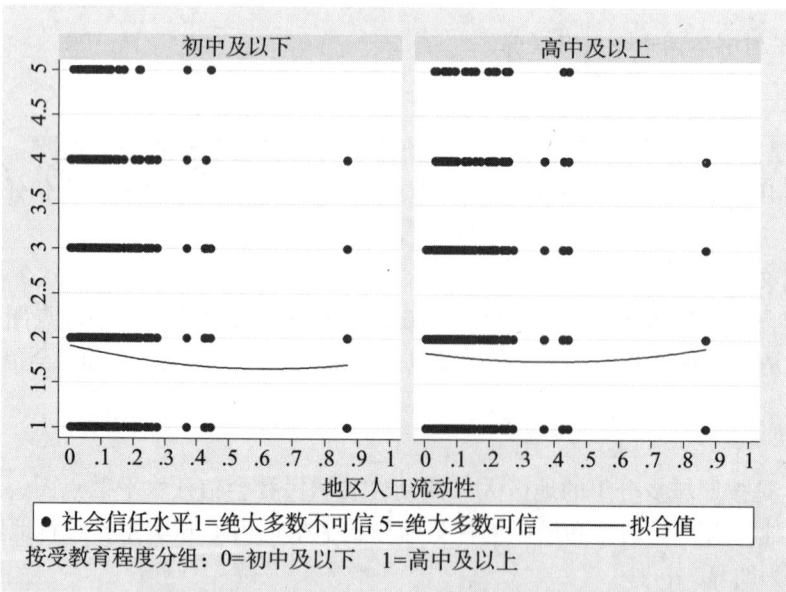

图 4-10 按受教育程度分组的地区人口流动性和居民社会信任水平散点图

区外来人口占比，纵轴是流入地居民的社会信任水平。从图中可以看出，2005 年外来人口占比和流入地居民的社会信任水平呈 U 型关系。

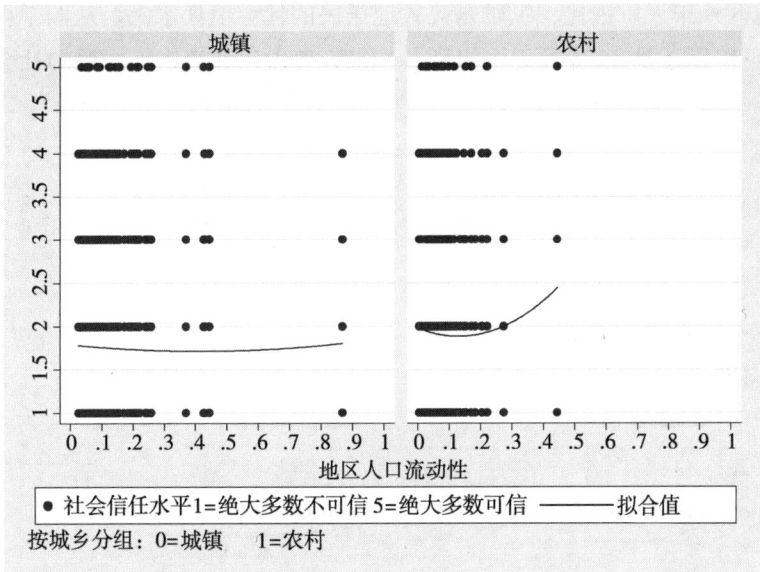

图 4-11 按城乡分组的地区人口流动性和居民社会信任水平散点图

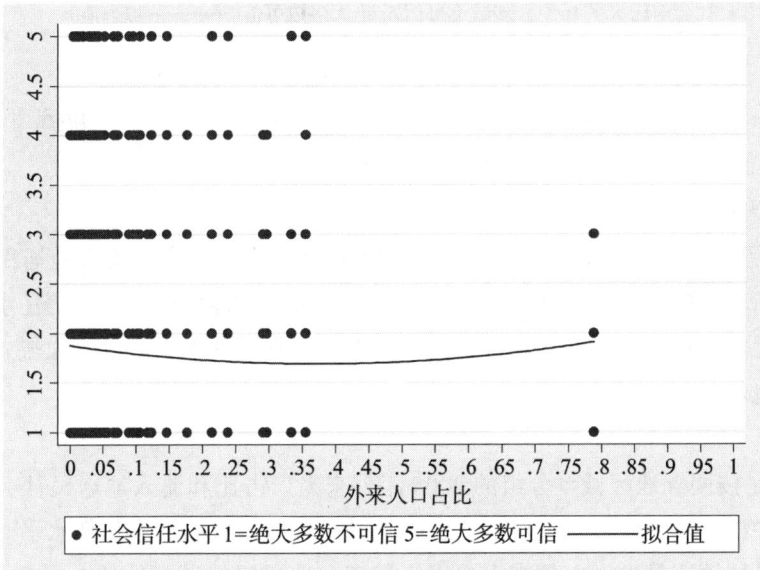

图 4-12 2005 年外来人口占比和流入地居民社会信任水平的散点图

(二) 不同群体两者之间的关系

1. 不同年龄

图 4-13 是按年龄分组的 2005 年外来人口占比和流入地居民社会信任水平的散点图，

其中横轴是地区外来人口占比，纵轴是流入地居民的社会信任水平。从图中可以看出，无论是 45 岁以下组别还是 45 岁及以上组别，外来人口占比和流入地居民的社会信任水平都呈 U 型关系。

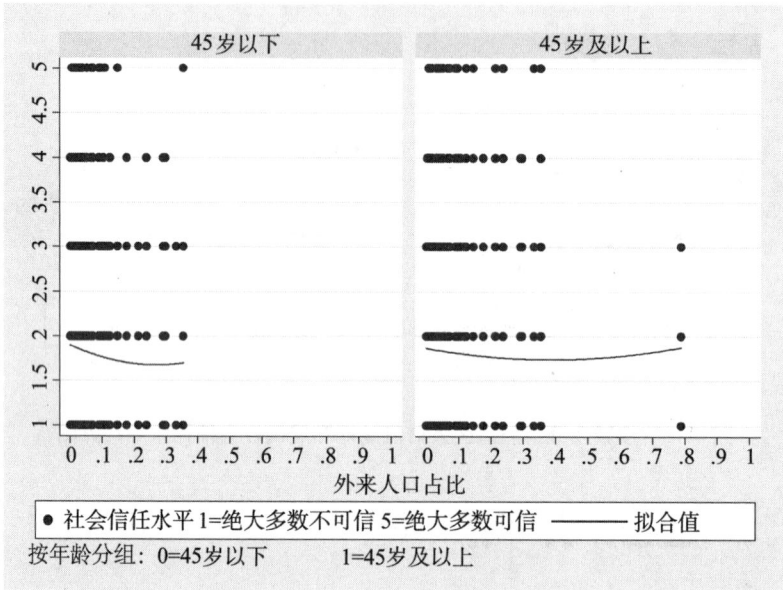

图 4-13　按年龄分组的外来人口占比和流入地居民社会信任水平的散点图

2. 不同受教育程度

图 4-14 是按受访者受教育程度分组的 2005 年外来人口占比和流入地居民社会信任水平的散点图，其中横轴是地区外来人口占比，纵轴是流入地居民的社会信任水平。从图中可以看出，无论是初中及以下组别还是高中及以上组别，外来人口占比和流入地居民的社会信任水平也都呈 U 型关系。

3. 城乡

图 4-15 是按调查地区城乡分组的 2005 年外来人口占比和流入地居民社会信任水平的散点图，其中横轴是地区外来人口占比，纵轴是流入地居民的社会信任水平。从图中可以看出，无论是城镇还是农村，外来人口占比和流入地居民的社会信任水平都呈 U 型关系，并且农村地区这一关系曲线更为显著。

三、人口外流与流出地居民的社会信任水平

（一）总体关系

图 4-16 是 2005 年人口外流比重和流出地居民社会信任水平的散点图，其中横轴是地

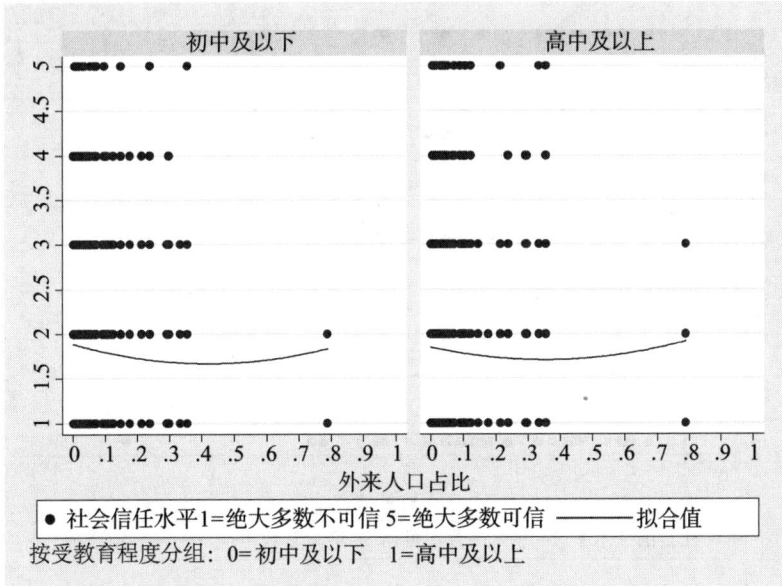

图 4-14 按受教育程度分组的外来人口占比和流入地居民社会信任水平的散点图

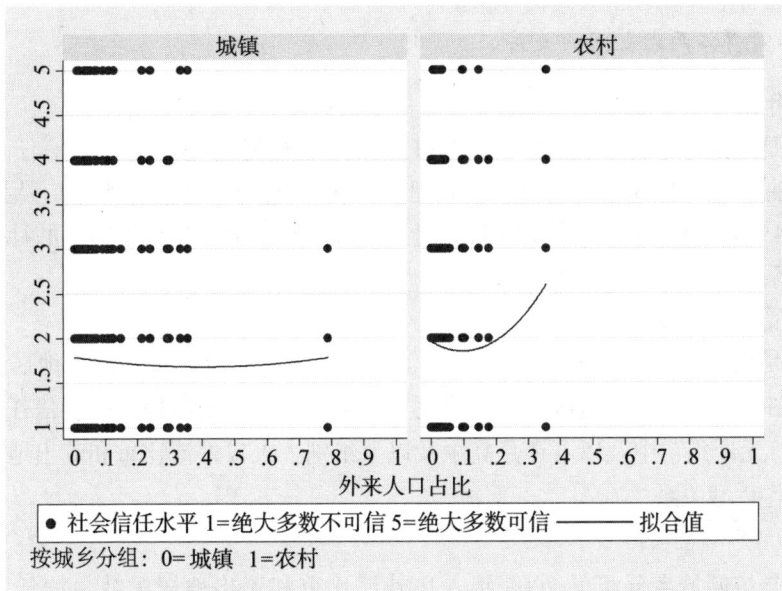

图 4-15 按城乡分组的外来人口占比和流入地居民社会信任水平的散点图

区人口外流比重，纵轴是流出地居民的社会信任水平。从图中可以看出，2005 年人口外流比重和流出地居民的社会信任水平呈 U 型关系。

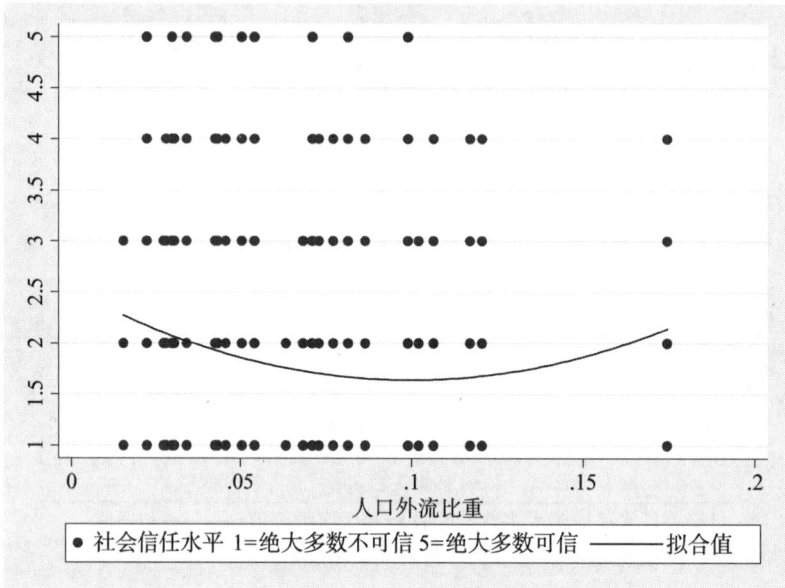

图 4-16　2005 年人口外流比重和流出地居民社会信任水平的散点图

（二）不同群体两者之间的关系

1. 不同年龄

图 4-17 是按照年龄分组的 2005 年人口外流比重和流出地居民社会信任水平的散点图，其中横轴是地区人口外流比重，纵轴是流出地居民的社会信任水平。从图中可以看出，无论是 45 岁以下还是 45 岁及以上组别，人口外流比重和流出地居民的社会信任水平都呈 U 型关系。

2. 不同受教育程度

图 4-18 是按照受访者受教育程度分组的 2005 年人口外流比重和流出地居民社会信任水平的散点图，其中横轴是地区人口外流比重，纵轴是流出地居民的社会信任水平。从图中可以看出，无论是初中及以下还是高中及以上组别，人口外流比重和流出地居民的社会信任水平都呈 U 型关系。

3. 城乡

图 4-19 是按照城乡分组的 2005 年人口外流比重和流出地居民社会信任水平的散点图，其中横轴是地区人口外流比重，纵轴是流出地居民的社会信任水平。从图中可以看出，无论是城镇还是农村，人口外流比重和流出地居民的社会信任水平都呈 U 型关系，且农村地区这一曲线关系更为明显。

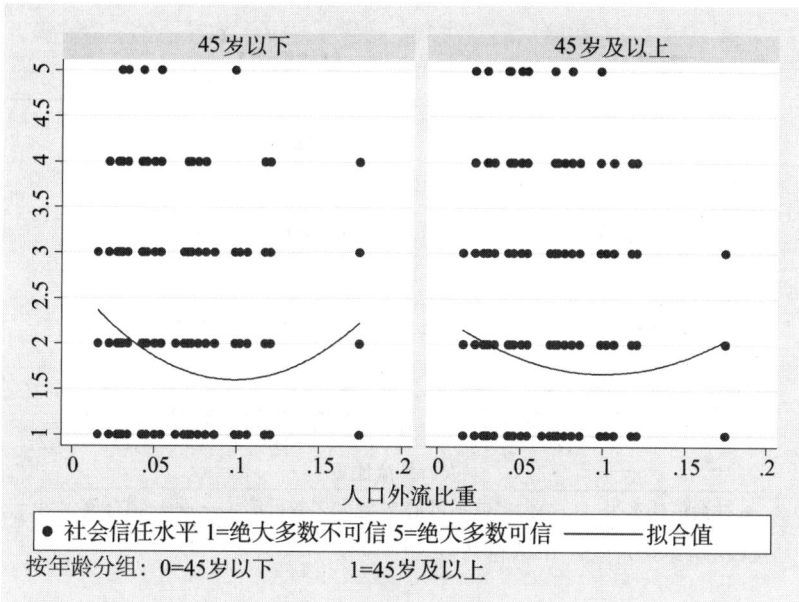

图 4-17　按年龄分组的人口外流比重和流出地居民社会信任水平的散点图

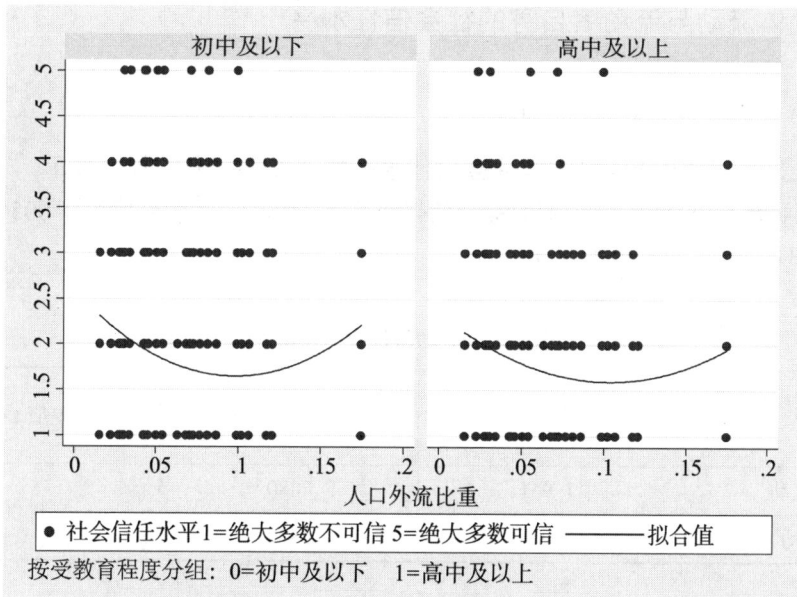

图 4-18　按受教育程度分组的人口外流比重和流出地居民社会信任水平的散点图

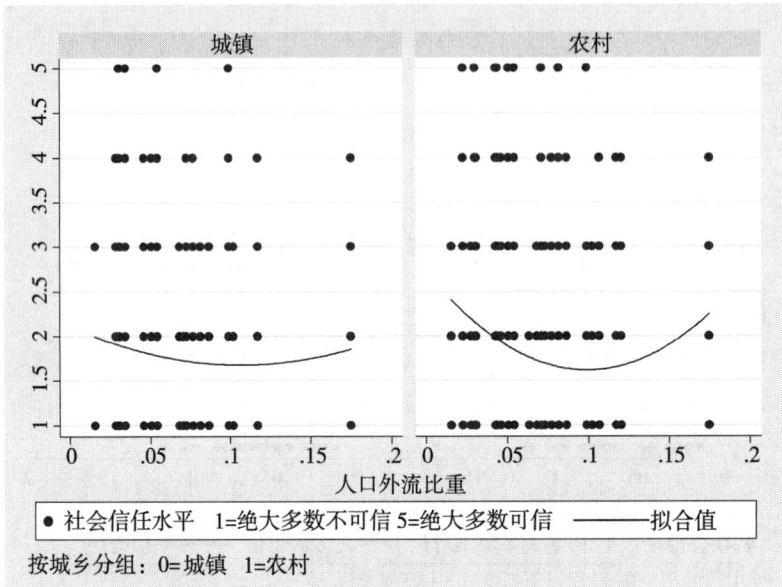

图 4-19 按城乡分组的人口外流比重和流出地居民社会信任水平的散点图

四、个体流动与流动者自身的社会信任水平

（一）是否流动与社会信任水平

表 4-17 是受访者是否流动与其社会信任水平的交叉表。表中数据显示，未流动者的社会信任水平为 1.951，而流动者的社会信任水平为 1.946，两者差值为 0.005，差值的显著性检验发现，两者的差异不存在显著性。

表 4-17 　　　　　　　　　　　**个体是否流动与社会信任水平**

社会信任 是否流动	社会信任水平	样本量	差值 t 检验
未流动	1.951	7880	0.005
流动	1.946	2830	

（二）流动范围与社会信任水平

表 4-18 是受访者是否流动与其社会信任水平的交叉表。表中数据显示，未流动者社会信任水平为 1.951，县内跨乡和跨县流动者的社会信任水平分别为 1.929 和 1.975。相

对未流动者，县内跨乡流动者社会信任水平低 0.021，跨县流动者社会信任水平高 0.024，但差值显著性检验发现，这两个差值都不具有显著性。

表 4-18　　　　　　　　　　　　流动范围与社会信任水平

社会信任 流动范围	社会信任水平	样本量	差值 t 检验
未流动	1.951	7880	
县内跨乡	1.929	1769	−0.021①
跨县流动	1.975	1061	0.024

（三）流动地点与社会信任水平

表 4-19 是流动地点和社会信任水平的交叉表。表中数据显示，未流动者社会信任水平为 1.951，流动到农村和流动到城市的流动者社会信任水平分别为 1.841 和 1.963。相对未流动者，流动到农村的流动者社会信任水平要低 0.109，流动到城市的流动者要高 0.012。差值的显著性检验发现，流动到农村的流动者和未流动者社会信任水平的差值在 5% 的水平上显著。

表 4-19　　　　　　　　　　　　流动地点与社会信任水平

社会信任 流动地点	社会信任水平	样本量	差值 t 检验
未流动	1.951	7880	
流动到农村	1.841	386	−0.109** ②
流动到城市	1.963	2444	0.012

---

① 该差值是县内跨乡和未流动的社会信任水平之差，下行中的差值是跨县流动和未流动的之差。

② 该差值是流动到农村和未流动的社会信任水平之差，下行中的差值是流动到城市和未流动的之差。

第五章　人口流动对居民社会信任的影响

一个地区的人口流动性将会对该地区居民的社会信任水平产生怎样的影响？本章即尝试探讨这一问题。当然，一个地区的人口流动性往往是该地区外来人口、人口外流、内部人口流动等人口流动行为综合作用的结果，本章考察的是综合作用下的人口流动性的影响效应。而一个地区的外来人口与人口外流对居民社会信任的影响可能与人口流动性的影响存在差别，本书将分别在第六章和第七章进一步分析外来人口对流入地居民社会信任的影响、人口外流对流出地居民社会信任的影响。同时，个体的流动也可能对流动者自身的社会信任产生影响，本书在第八章进一步探讨这一内容。从第五、六、七、八章的逻辑关系上看，本章对人口流动与社会信任关系做一个综合分析，第六、七、八章在此基础上细化了这一分析，相对具体探讨了不同的人口流动形式对社会信任的影响。

回到本章研究的内容上，本章研究的"居民"是指调查时调查地的居民，没有区分是当地户籍居民还是流动人口。本章的结构安排如下：第一节是研究设计，包括了数据来源、样本选择、变量选取等内容；第二节是基本回归估计；第三节是内生性处理和稳健性检验；第四节是模型的进一步讨论，分析了人口流动对居民社会信任影响的个体差异；第五节为本章小结。

第一节　研究设计

一、数据介绍与样本选择

本章使用的数据主要有三个来源：第一是各个省（市、自治区）2005 年 1%人口抽样调查资料数据。该调查是由全国 1%人口抽样调查办公室于 2005 年统一组织实施的，调查内容包括了常住人口年龄、婚姻、教育、迁移等内容。第二是 2005 年中国综合社会调查数据（CGSS2005）。[①] 中国综合社会调查由中国人民大学社会学系与香港科技大学社会调查中心联合组织实施，已经于 2003 年、2004 年、2005 年、2006 年、2008 年、2010 年、2011 年、2012 年、2013 年和 2015 年展开了 10 次调查。但由于公开的数据中，只有 2005 年的调查数据能够识别到地级市层面，其他年份的数据都只能识别到省级层面，为了使研究对象更具代表性和针对性，我们采用了 2005 年的调查数据进行分析。第三是各省（市、

---

① 作者感谢 CGSS 项目组向本书提供的数据支持。

自治区）统计年鉴、《中国统计年鉴》和《中国检察年鉴》，我们从中获得了各地级市（或直辖市）人均地区生产总值、城镇居民人均可支配收入、农村居民人均纯收入，各省（市、自治区）常住人口数和检察机关批准逮捕人数等数据。

CGSS2005 年共调查了 28 个省份，获得了 10372 个样本，但限于人口抽样调查数据的可得性，我们共获得了上述 28 个省份中的 21 个省份的 2005 年 1% 人口抽样调查资料。[①]在样本处理时，与本书研究直接相关的重要变量（如人口流动性、社会信任）存在缺失的样本将不予保留，最后整理得到了覆盖东中西三大经济带有效样本 7995 个。[②]

从样本分布来看，男性占 47.30%，女性占 52.70%；汉族占 94.02%，少数民族占5.98%；已婚占 84.49%，未婚等其他婚姻状况占 15.51%；18—30 岁占 18.99%，31—45岁占 35.99%，46 岁及以上占 45.02%；小学及以下占 37.90%，初中占 29.46%，高中占22.93%，大专及以上占 9.71%；从东中西分布来看，东部、中部和西部分别占总体的51.48%、21.76% 和 26.76%，具有较好的全国代表性。

二、模型设定与变量选取

（一）模型设定

由于本章中的被解释变量社会信任取值是离散且有序的，其赋值是 1—5 的整数，因此我们选择有序 probit（ordered probit）模型进行回归分析。有序 probit 模型假定存在一个能够代替被解释变量 Trust，但又不能被观测到的潜变量 $Trust^*$，其由下式决定：

$$Trust_{ij}^* = \lambda_0 + \lambda_1 Popmobility_j + \lambda_2 Popmobility_j^2 + \beta X_{ij} + \delta R_j + U_{ij}$$

同时，设 $\alpha_1 < \alpha_2 < \alpha_3 < \alpha_4$ 是未知的割点，并定义：

$$Trust_{ij} = 1，如果 Trust^* \leq \alpha_1；$$
$$Trust_{ij} = 2，如果 \alpha_1 < Trust^* \leq \alpha_2；$$
$$Trust_{ij} = 3，如果 \alpha_2 < Trust^* \leq \alpha_3；$$
$$Trust_{ij} = 4，如果 \alpha_3 < Trust^* \leq \alpha_4；$$
$$Trust_{ij} = 5，如果 Trust^* > \alpha_4$$

其中，被解释变量 $Trust_{ij}^*$ 表示 j 地区个体 i 的社会信任水平，$Popmobility_j$ 表示 j 地区的人口流动性，考虑到人口流动性和社会信任之间可能存在非线性关系，我们还加入了其平

① CGSS2005 调查的 28 个省（市、自治区）是：北京、天津、河北、山西、内蒙古、辽宁、吉林、黑龙江、上海、江苏、浙江、安徽、福建、江西、山东、河南、湖北、湖南、广东、广西、海南、重庆、四川、贵州、云南、陕西、甘肃、新疆。未能获得 1% 人口抽样调查资料的 7 个省份是天津、山西、内蒙古、吉林、湖北、湖南、云南。

② 鉴于样本可能出现的选择偏差，我们比较了有效样本（本书使用的样本）与调查的原始样本核心变量的均值、方差以及核密度曲线，结果表明没有明显差别，在一定程度上说明了本书有效样本的代表性。

方项 $Popmobility^2_j$，λ_1 和 λ_2 是对应的回归系数；X_{ij} 表示受访者个体特征变量矩阵，β 是对应的回归系数矩阵；R_j 表示地区特征变量矩阵，δ 是对应的回归系数矩阵；λ_0 和 U_{ij} 分别表示常数项和随机扰动项。

（二）变量定义

1. 被解释变量的测量

本章中的被解释变量是受访者的社会信任水平。以往研究对该变量的测量采用的是对陌生人的信任或者是对绝大多数人的信任（史宇鹏、李新荣，2016；黄玖立、刘畅，2017；齐秀琳、伍骏骞，2017），参考现有研究的做法，我们采用了 CGSS2005 中关于信任的调查。CGSS2005 年针对该问题把调查对象分为对（近）邻居，（城镇的）远邻/街坊或（乡村）邻居以外的同村居民，同村的同姓人士，同村的非同姓人士，亲戚，同事，交情不深的朋友/相识，老同学，在外地相遇的同乡（以同市或同县为界限），一起参加文娱、健身、进修等业余活动的人士，一起参加宗教活动的人士，一起参加社会活动/公益活动的人士以及陌生人的信任，针对每一类受访者，询问的问题是"在不直接涉及金钱利益的一般社会交往/接触中，您觉得下列人士中可以信任的人多不多呢？1. 绝大多数不可信；2. 多数不可信；3. 可信与不可信者各半；4. 多数可信；5. 绝大多数可信"。由于本书研究的是社会信任问题，因此我们选择了对陌生人的信任来衡量社会信任水平。根据调查数据显示，受访者的社会信任水平的平均值为 1.823，介于"绝大多数陌生人不可信"和"大多数陌生人不可信"之间，接近"大多数陌生人不可信"，反映了居民较低的社会信任水平。从不同社会信任水平的比例分布来看，回答为"绝大多数不可信"的受访者占 48.58%，回答为"多数不可信"的占 27.15%，回答为"可信与不可信者各半"的占 19.00%，回答为"多数可信"的占 3.94%，回答为"绝大多数可信"的占 1.33%。

2. 核心自变量的测量

本章中的核心解释变量是各地级市（或直辖市）的人口流动性，方程右边的 λ_1 和 λ_2 是本书关注的核心。关于人口流动性的测量，以往研究采用的有人户分离人数占常住人口的比重（谭江蓉、杨云彦，2012）、移民率①（付文林，2012；董理、张启春，2014）、净迁移人口②（甘行琼、刘大帅、胡朋飞，2015）、常住人口和户籍人口之比③（甘娜、胡朋飞，2017）、常住人口和户籍人口之差（张冲、王学义，2017）等做法。参考以往的研究，结合现有研究的需要和可操作性，我们采用人户分离人数占常住人口的比例进行衡量，各地级市（或直辖市）人户分离人数占常住人口的比例根据各省（市、自治区）

---

① 付文林（2012）的计算方法是移民率＝1-住本乡、镇、街道，户口在本乡、镇、街道的人口数/抽样人口数。

② 净迁移人口＝当年常住人口-上一年常住人口-当年人口自然增长率×上一年常住人口。

③ 常住人口/户籍人口大于 1 表示流入地；常住人口/户籍人口小于 1 表示流出地。

2005 年 1%人口抽样调查资料计算所得。①

　　3. 控制变量的选取

　　本书的控制变量主要包括两类：一类是个体特征变量 X_{ij}，一类是地区特征变量 R_j。

　　关于个体特征变量，参考现有的研究（李涛等，2008；杨明、孟天广、方然，2011；史宇鹏、李新荣，2016；黄玖立、刘畅，2017），我们引入了以下变量：性别变量，男性赋值为 1，女性赋值为 0；年龄变量，是受访者在接受访问时的周岁年龄，同时考虑到年龄与社会信任可能存在非线性关系，我们还控制了年龄的平方项。② 民族变量，汉族赋值为 1，少数民族赋值为 0；婚姻变量，已婚赋值为 1，其他赋值为 0；③ 受教育年限，按照受访者的回答和我国现行学制，将没有受过正式教育的赋值为 0，小学一年级到六年级分别赋值为 1—6，初中一年级到三年级分别赋值为 7—9，高中一年级到三年级赋值为 10—12，职高或中专赋值为 12，大专赋值为 15，本科赋值为 16，研究生及以上赋值为 19；考虑到受教育水平和个体社会信任水平的非线性关系，同时引入了受教育水平的平方项。健康变量，按照受访者的回答，把回答为"非常不好"赋值为 1，"不好"赋值为 2，"一般"赋值为 3，"好"赋值为 4，"很好"赋值为 5，"非常好"赋值为 6；党员变量，中共党员赋值为 1，否则为 0；参加宗教活动频率，根据受访者的回答，把回答为"从不"赋值为 1，"一年几次"赋值为 2，"一月一次"赋值为 3，"一周几次"赋值为 4，"一周一次"赋值为 5。有研究表明在其他条件保持不变的情况下，那些没有本地户籍的居民具有更低的社会信任水平（汪汇、陈钊、陆铭，2009），因此我们控制了户籍变量，城镇户籍赋值为 1，农村户籍赋值为 0。此外，社会经济地位较高的人，可能是因为拥有更多的资源来承担"信任他人"失败的风险和损失（尤斯拉纳，2006），他们通常拥有较高的信任水平（Smith，1997；Patterson，1999），因此我们还控制了个体的社会经济地位变量，根据受访者的回答，把回答为"较低"的赋值为 1，"差不多"赋值为 2，"较高"赋值为 3。个体的幸福感也会对其认知和行为产生影响（Pessoa，2008；Mohiyeddini 等，2009），王晖（2011）研究发现，幸福感对社会信任具有显著影响，因此我们控制个体的幸福感。根据受访者的回答，把回答为"非常不幸福"赋值为 1，"不幸福"赋值为 2，"一般"赋值为 3，"幸福"赋值为 4，"非常幸福"赋值为 5。

　　已有的研究表明，邻里关系会对居民的社会信任水平具有显著的积极作用（Delhey

---

　　① 具体计算的方法是利用各个省（市、自治区）2005 年 1%人口抽样调查资料中，居住在本乡、镇、街道，户口在外乡、镇、街道，离开户口登记地半年以上的人口数/调查的常住人口数。考虑到统计资料中还有一部分人口是居住在本乡、镇、街道，户口待定，因此我们没有采用 1-住本乡、镇、街道，户口在本乡、镇、街道的人口数/常住人口数的做法。需要指出这种计算方法存在一定的误差，即按照国家统计局的标准，市区内人户分离人数在统计时不算为流动人口，但由于 1%人口抽样统计资料没有再详细公布市区内人户分离人数，因此本章按照现有公布的数据进行计算。

　　② 受访者回答社会信任的问题需要一定的认知判断能力，因此受访者要求是成年人即在 18 周岁及以上，而调查的样本恰好也都在 18 周岁及以上。

　　③ 把回答为"已婚、离婚后再婚、丧偶后再婚"归入已婚，"未婚、离婚未再婚、丧偶未再婚"归入其他。

和 Newton，2003），因此我们也控制了这一变量。该变量采用问卷中的问题："您和邻居、街坊/同村其他居民互相之间的熟悉程度是怎样的?"把回答为"非常不熟悉"的赋值为 1，"不太熟悉"的赋值为 2，"一般"赋值为 3，"比较熟悉"赋值为 4，"非常熟悉"赋值为 5。个体的政府信任水平也会对其社会信任产生影响（袁正、李伦一，2017），我们进一步控制了受访者的政府信任水平。关于该变量，采用问卷中的问题："在过去四年内，您有没有同政府机关（村组织）发生纠纷呢?"我们认为，如果受访者和政府机关（村组织）发生过纠纷，那么他们对政府的信任水平一般也相对较低。变量赋值上把回答为"有"的赋值为 1，"没有"的赋值为 0。

关于地区特征变量，参考已有的研究，我们控制了地区经济发展水平、地区收入差距和地区治安状况。地区经济发展水平会对居民的社会信任程度产生影响（张维迎、柯荣住，2002；Bjørnskov，2006），我们用地区人均 GDP 来表示，以对数的形式引入回归中，数据来源于各省（市、自治区）统计年鉴。以往的研究还发现，收入差距会显著地降低城乡居民的社会信任水平（Alesina 和 Ferrara，2002；申广军、张川川，2016），因此我们也控制了这一变量。考虑到收入差距在中国收入差距结构中占有主导地位，我们以城乡收入差距来度量收入差距变量，城乡收入差距的度量方法是城镇居民年人均可支配收入与农村居民年人均纯收入之比①，城镇居民年人均可支配收入与农村居民年人均纯收入数据来源于各省（市、自治区）统计年鉴。地区治安水平的下降对社会信任带来一定程度的负面影响（潘静、张学志，2015），因此我们进一步控制了地区治安状况，用"每万常住人口中检察机关批准逮捕的人数"来反映。由于检察机关批准逮捕的人数只有省级层面上的数据，没有地级市层面的数据，因此对于各省份的地级市这一指标，我们用省级层面的数据作为各个地级市的替代变量，直辖市的这一指标依然是全直辖市的相应数据。检察机关批准逮捕的人数来源于相应年份各省（市、自治区）人民检察院工作报告，个别缺失数据根据《中国检察年鉴》中关于"地方、军事检察工作"的资料进行补充。主要变量的描述统计见表 5-1。

表 5-1　　　　　　　　　　　　　　主要变量的描述性统计

变量名	最小值	最大值	均值	标准差	样本数
社会信任水平	1	5	1.823	0.959	7995
人口流动性	0.005	0.868	0.134	0.127	7995
男性	0	1	0.473	0.499	7995
年龄	18	94	44.773	14.960	7995
汉族	0	1	0.940	0.237	7995

---

① 由于在 2006 年年鉴中没有农村居民家庭人均可支配收入指标，只有农民人均纯收入，因此用该指标。

续表

变量名	最小值	最大值	均值	标准差	样本数
已婚	0	1	0.844	0.362	7993
受教育年限	0	19	8.014	4.520	7951
健康状况	1	6	4.053	1.400	7995
党员	0	1	0.105	0.307	7995
城镇户籍	0	1	0.545	0.497	7968
宗教活动频率	1	5	1.130	0.589	7995
社会经济地位	1	3	1.691	0.577	7815
幸福感	1	5	3.419	0.773	7995
邻里关系	1	5	3.780	1.004	7995
是否和政府有过纠纷	0	1	0.025	0.156	7995
地区人均GDP（元）	7.912	11.145	9.513	0.703	7995
地区收入差距	1.737	4.659	2.706	0.621	7760
地区治安状况	3.556	14.040	7.083	3.073	7995
单位耕地面积农业机械总动力（千瓦/公顷）①	1.024	96.235	9.822	10.330	7995

第二节 人口流动对居民社会信任的影响：基本回归

表5-2报告了人口流动对居民社会信任影响的估计结果。第（1）列仅控制了人口流动性和人口流动性的平方项。回归结果显示，人口流动性的回归系数在1%的显著性水平上为负，而人口流动性的平方项在1%的显著性水平上为正，说明人口流动性对居民的社会信任水平产生先抑制后促进的 U 型影响，并且 U 型曲线的拐点处人口流动性大约为47.54%。第（2）列是在第（1）列的基础上进一步控制了个体特征变量中性别、年龄、民族、婚姻、受教育年限和健康状况，回归结果发现，人口流动性和社会信任水平之间依然呈现 U 型关系，人口流动性大约在47.08%时，居民的社会信任水平最低。

第（3）列是在第（2）列的基础上进一步控制了个体特征变量中的其他相关变量，回归结果表明，人口流动性的回归系数为负，人口流动性平方项为正，但都不具有统计显著性。在个体特征变量中，受教育年限的一次项系数在1%的显著性水平上为负，二次项系数在5%的显著性水平上为正，说明受教育年限和居民的社会信任水平呈现 U 型关系，受教育年限大约在9.92年时，居民的社会信任水平最低，这和描述性分析中的基本一致。

---

① 下文内生性处理时，该变量作为人口流动性的工具变量；根据农业机械总动力（千瓦）与耕地面积（公顷）之比计算所得，这两个指标均来源于2006年各省（市、自治区）统计年鉴。

这意味着，当居民完成义务教育阶段后，进一步完成高中教育和高等教育有助于提升整体的社会信任水平。这一结论和黄健、邓燕华（2012）研究是一致的，他们也发现高等教育能够有效促进社会信任的形成。健康状况对居民的社会信任水平具有积极的促进作用，Guiso 等（2003）也得到了相同的研究结论。此外，那些拥有城镇户籍的居民社会信任水平更低，这可能是因为城镇户籍居民在日常生活中面对了更多的外部风险，而外部风险会降低个体的社会信任水平（李彬、史宇鹏、刘彦兵，2015）。个体的社会经济地位也在1%的显著性水平上为正，这说明个体的社会经济地位有助于提高其社会信任水平，这可能是因为较高社会经济地位的人，拥有更多的资源来承担"信任他人"失败的风险和损失（尤斯拉纳，2006），Smith（1997）、Patterson（1999）也发现了相同的结论。邻里关系变量在1%的水平上显著为负，也就是说，邻里越熟悉，反而越不利于个体社会信任水平的提高，没有发现邻里关系促进社会信任水平的证据。此外，那些和政府有过纠纷的居民其社会信任水平更低。其他个体特征变量比如党员、宗教活动频率、幸福感等变量对社会信任不具有统计显著的影响。

第（4）列是在第（3）列的基础上进一步控制了地区特征变量。回归结果显示，人口流动性和社会信任水平依然呈现 U 型关系，且人口流动性在25.43%时，居民的社会信任水平最低，因此第三章中提出的假说 1 得到了验证。在地区特征变量上，地区人均GDP 显著提升了该地区居民的社会信任水平。地区收入差距显著降低了居民的社会信任水平，这可能是因为收入差距导致了社会分化，而社会地位较高和社会地位较低的居民的社会信任水平都低于中间阶层，社会分化过程中间阶层人数快速下降（申广军、张川川，2016）。此外，地区社会治安状况在 1% 显著性水平上为负，说明一个地区社会治安状况越差，越不利于该地区居民社会信任水平的改善，Delhey 和 Newton（2003）也得到了类似的结论。其他控制变量的回归结果和前几列基本一致，不再赘述。

表 5-2   人口流动对居民社会信任的影响：oprobit 回归

解释变量	被解释变量：社会信任			
	（1）	（2）	（3）	（4）
人口流动性	−0.891***	−0.806***	−0.330	−1.920***
	(0.224)	(0.238)	(0.254)	(0.568)
人口流动性平方项	0.937***	0.856**	0.270	4.181***
	(0.328)	(0.340)	(0.357)	(1.217)
男性		0.015	0.008	0.011
		(0.026)	(0.026)	(0.027)
年龄		−0.000	0.004	0.003
		(0.005)	(0.005)	(0.005)

续表

解释变量	被解释变量：社会信任			
	（1）	（2）	（3）	（4）
年龄平方/100		0.001 （0.005）	−0.002 （0.005）	−0.001 （0.005）
汉族		0.103 * （0.059）	0.084 （0.060）	−0.011 （0.068）
已婚		0.003 （0.040）	−0.014 （0.042）	−0.007 （0.043）
受教育年限		−0.032 *** （0.009）	−0.026 *** （0.009）	−0.030 *** （0.009）
受教育年限平方/100		0.136 ** （0.056）	0.131 ** （0.058）	0.138 ** （0.059）
健康状况		0.072 *** （0.009）	0.060 *** （0.010）	0.055 *** （0.010）
党员			−0.011 （0.045）	0.003 （0.046）
城镇户籍			−0.172 *** （0.033）	−0.184 *** （0.033）
宗教活动频率			0.010 （0.024）	−0.018 （0.025）
社会经济地位			0.114 *** （0.024）	0.117 *** （0.024）
幸福感			0.020 （0.018）	0.011 （0.019）
邻里关系			−0.037 *** （0.014）	−0.038 *** （0.014）
是否和政府有过纠纷			−0.164 ** （0.080）	−0.165 ** （0.082）
地区人均GDP				0.105 *** （0.023）

续表

解释变量	被解释变量：社会信任			
	（1）	（2）	（3）	（4）
地区收入差距				-0.064**
				（0.025）
地区治安状况				-0.018***
				（0.006）
Pseudo R^2	0.0010	0.0049	0.0084	0.0112
样本数	7995	7949	7744	7515

注：（1）为了克服异方差问题，括号内为稳健标准误；（2）*、**、***分别表示在10%、5%和1%的水平上显著。下表同。

第三节　内生性处理与稳健性检验

一、内生性处理

表5-3的回归结果可能是有偏估计。一方面，回归中可能遗漏了一些既影响人口流动性又影响居民社会信任水平的变量，从而可能导致内生性问题。尽管我们在回归中已经控制了个体特征变量和地区特征变量，以克服遗漏变量带来的估计偏误，但是仍然不能解决内生性问题。另一方面，正如高虹、陆铭（2010）研究发现的，社会信任也会对人口流动产生影响，这意味着人口流动和居民的社会信任水平可能存在双向因果的关系，也会导致内生性问题。因此，有必要寻找合适的工具变量来克服这一问题。我们选择单位耕地面积农业机械总动力及其平方项作为人口流动性及其平方项的工具变量，采用工具变量法估计人口流动性对社会信任的影响。我们认为单位耕地面积的农业机械总动力会直接影响农业劳动生产率，进而直接影响农村劳动力的外出务工决策，从而对该地区的人口流动性产生影响，因此工具变量和人口流行性存在一定的相关性；同时该变量不会对居民的社会信任水平产生直接影响，这较好地保证了工具变量的外生性。因此，从理论上来说，这一工具变量的选择是合理的。为了进一步检验工具变量的有效性，我们进行了工具变量有效性检验。工具变量显著性的 F 检验显示，虽然人口流动性及其平方项的 Shea's Partial R^2 分别为 0.0005 和 0.0008，都比较小，但它们的 F 统计量分别为 687.503 和 863.018，都超过了 10，且 P 值均为 0.000。而且，第一阶段回归结果显示，工具变量对人口流动性及其平方项都具有显著影响，即具备较好的解释力，因此不存在弱工具变量问题，说明选取的工具变量是合理的。

表5-3第（1）列的 2SLS 回归结果表明，人口流动和居民的社会信任依然存在 U 型

关系，且人口流动性在 27.80% 时，居民的社会信任水平最低。为了进一步验证估计结果的稳健性，我们使用不同的估计方法进行估计。首先使用对弱工具变量更不敏感的有限信息最大似然法（LIML），同时还使用了存在异方差①的情况下比 2SLS 更有效率的 GMM 估计。估计结果都未改变上述的基本结论。

表 5-3　　　　　　　　　　　人口流动对居民社会信任的影响：IV 估计

解释变量	被解释变量：社会信任		
	（1）2SLS	（2）GMM	（3）LIML
人口流动性	−43.583* (23.027)	−43.583* (23.027)	−43.583* (23.027)
人口流动性平方项	78.399** (39.112)	78.399** (39.112)	78.399** (39.112)
男性	0.050 (0.036)	0.050 (0.036)	0.050 (0.036)
年龄	0.000 (0.006)	0.000 (0.006)	0.000 (0.006)
年龄平方/100	0.002 (0.007)	0.002 (0.007)	0.002 (0.007)
汉族	−0.134 (0.093)	−0.134 (0.093)	−0.134 (0.093)
已婚	−0.119 (0.085)	−0.119 (0.085)	−0.119 (0.085)
受教育年限	−0.040*** (0.014)	−0.040*** (0.014)	−0.040*** (0.014)
受教育年限平方/100	0.303** (0.128)	0.303** (0.128)	0.303** (0.128)
健康状况	0.027 (0.017)	0.027 (0.017)	0.027 (0.017)
党员	0.002 (0.057)	0.002 (0.057)	0.002 (0.057)

① 我们进行了异方差检验，BP 检验和怀特检验都显示 P 值为 0.000，表明存在异方差性。

续表

解释变量	被解释变量：社会信任		
	（1）2SLS	（2）GMM	（3）LIML
城镇户籍	0.338	0.338	0.338
	（0.293）	（0.293）	（0.293）
宗教活动频率	−0.127*	−0.127*	−0.127*
	（0.074）	（0.074）	（0.074）
社会经济地位	0.011	0.011	0.011
	（0.057）	（0.057）	（0.057）
幸福感	0.012	0.012	0.012
	（0.023）	（0.023）	（0.023）
邻里关系	−0.131**	−0.131**	−0.131**
	（0.059）	（0.059）	（0.059）
是否和政府有过纠纷	−0.136	−0.136	−0.136
	（0.093）	（0.093）	（0.093）
地区人均GDP	0.990*	0.990*	0.990*
	（0.524）	（0.524）	（0.524）
地区收入差距	−0.488**	−0.488**	−0.488**
	（0.243）	（0.243）	（0.243）
地区治安状况	0.154	0.154	0.154
	（0.109）	（0.109）	（0.109）
常数项	−3.441	−3.441	−3.441
	（2.919）	（2.919）	（2.919）
样本数	7515	7515	7515

二、稳健性检验

（一）变换计量方法

为了进一步检验上述回归结果的稳健性，我们还进行了 OLS 和 Ologit 模型估计，回归结果见表 5-4。在 OLS 估计的模型中，第（1）列只引入了人口流动性和人口流动性的平方项，发现人口流动和居民的社会信任水平呈现 U 型关系；第（2）列在第（1）列的基础上进一步控制了个体特征变量和地区特征变量，发现人口流动和居民的社会信任水平依然呈现 U 型关系，且在人口流动性为 22.99% 时，居民的社会信任水平最低。在 Ologit 估计的模型中，同样第（1）列只引入了人口流动性和人口流动性的平方项；第（2）列在第（1）列的基础上进一步控制了个体特征变量和地区特征变量，发现 U 型关系没有改变，且在人口流动性为 24.12% 时，居民的社会信任水平最低。

表 5-4　　　　　　　　　　稳健性检验之一：变换计量方法

解释变量	被解释变量：社会信任水平			
	OLS（1）	OLS（2）	Ologit（1）	Ologit（2）
人口流动性	−0.766***	−1.741***	−1.489***	−3.109***
	(0.189)	(0.486)	(0.370)	(0.945)
人口流动性平方项	0.809***	3.787***	1.542***	6.444***
	(0.277)	(1.047)	(.549)	(2.011)
个体特征变量	未控制	控制	未控制	控制
地区特征变量	未控制	控制	未控制	控制
常数项	1.897***	1.177***		
	(0.020)	(0.236)		
R^2 或 Pseudo R^2	0.0024	0.0265	0.0010	0.0113
样本数	7995	7515	7995	7515

（二）剔除直辖市样本

考虑到直辖市的特殊性，我们剔除了北京、重庆和上海三个直辖市的调查样本[①]，回归结果见表 5-5。从表中可以看到，我们同样先后加入了个体特征变量和地区特征变量，第（1）列中人口流动性和居民的社会信任水平依然呈 U 型关系，第（2）列中这一 U 型关系没有改变，最低点处人口流动性在 37.55% 左右，这说明，U 型曲线的拐点在不考虑直辖市样本时会更大。当然，基本结论没有改变。

表 5-5　　　　　　稳健性检验之二：剔除直辖市样本（oprobit 回归）

解释变量	被解释变量：社会信任水平				
	Oprobit（1）	Oprobit（2）	解释变量	Oprobit（1）	Oprobit（2）
人口流动性	−0.760***	−2.257***	宗教活动频率		−0.014
	(0.270)	(0.580)			(0.026)

---

① 由于总样本中没有天津市样本，所以没有剔除该直辖市样本。

续表

解释变量	被解释变量：社会信任水平				
	Oprobit（1）	Oprobit（2）	解释变量	Oprobit（1）	Oprobit（2）
人口流动性平方项	0.768** (0.362)	3.005** (1.276)	社会经济地位		0.125*** (0.026)
男性		0.015 (0.029)	幸福感		0.005 (0.020)
年龄		−0.001 (0.006)	邻里关系		−0.048*** (0.015)
年龄平方/100		0.003 (0.006)	是否和政府有过纠纷		−0.153* (0.084)
汉族		−0.038 (0.071)	地区人均GDP		0.218*** (0.028)
已婚		0.032 (0.046)	地区收入差距		−0.073*** (0.026)
受教育年限		−0.036*** (0.010)	地区治安状况		−0.021*** (0.006)
受教育年限平方/100		0.173*** (0.065)	Pseudo R^2	0.0006	0.0144
健康状况		0.056*** (0.011)	样本数	7111	6647
中共党员		−0.006 (0.050)			
城镇户籍		−0.193*** (0.034)			

（三）剔除受访者合作程度和问卷可靠程度相对较低的样本

我们进一步利用 CGSS2005 问卷中关于受访者合作程度和问卷所得的可靠程度的评估①进行稳健性检验。就受访者的合作程度，我们从样本中剔除了那些被访者合作程度为

---

① 这两个评估在问卷中的问题分别是："被访者合作程度如何？1. 很合作；2. 合作；3. 不合作；4. 很不合作"；"这份问卷访问所得的可靠程度如何？1. 很可靠；2. 可靠；3. 不可靠；4. 很不可靠"。

"很不合作和不合作"的样本，即保留那些访员对受访者的合作程度评价为"很合作和合作"的样本；就问卷所得的可靠程度，我们从样本中剔除了"很不可靠和不可靠"的样本，即保留那些访员对问卷可靠程度评价为"很可靠和可靠"的样本，利用这两个新的样本重新进行回归分析，回归结果见表5-6。从表中结果可看到，在考虑了被访者合作程度和问卷可靠程度后的两个新样本的回归结果和总样本的回归结果是一致的，说明了已有回归结果的稳健性。

表5-6　稳健性检验之三：剔除合作程度和问卷可靠程度相对较低的样本（oprobit）

解释变量	被解释变量：社会信任水平			
	剔除受访者合作程度相对较低样本		剔除问卷可靠程度相对较低样本	
	（1）	（2）	（3）	（4）
人口流动性	−0.884***	−1.898***	−0.901***	−2.020***
	(0.227)	(0.563)	(0.226)	(0.561)
人口流动性平方项	0.958***	4.196***	0.946***	4.423***
	(0.343)	(1.181)	(0.339)	(1.180)
个体特征变量	未控制	控制	未控制	控制
地区特征变量	未控制	控制	未控制	控制
Pseudo R^2	0.0009	0.0110	0.0010	0.0109
样本数	7830	7360	7874	7399

（四）调整到省级层面

上述回归在基于地级市层面上[①]的回归结果，接着我们把地级市层面调整到省级层面以检验结果的稳健性。省级层面上的人口流动性依然是根据2005年各省（市、自治区）1%人口抽样调查资料计算所得。由于此时人口流动性是省级层面上的变量，因此控制变量中的地区人均GDP和地区收入差距相应调整到省级层面，地区治安状况已经是一个省级层面上的变量，其他控制变量的选取不变，回归结果见表5-7。

表5-7第（1）列报告了仅仅控制省级层面人口流动性及其平方项，发现虽然省级人口流动性显著为负，但其平方项不显著。第（2）列是在第（1）的基础上控制了受访者个体特征变量，回归发现人口流动性显著为负，人口流动性的平方项显著为正，因此省级层面人口流动性和居民社会信任水平呈现U型关系，且U型曲线最低点处人口流动性大约为20.57%。第（3）列是在第（2）列的基础上进一步控制了地区特征变量，此时省级人口流动性和居民的社会信任水平依然呈现U型关系，且U型曲线最低点处人口流动性

①　当然也有3个直辖市是省级层面的样本，但主要是地级市层面的分析。

大约为 22.14%，该值和基本回归结果中的很接近。可以发现，当把人口流动性调整到省级层面时，基本结论不变，进一步说明了已有回归结果是稳健的。

表 5-7　　　　　　　　　　稳健性检验之四：调整到省级层面（oprobit）

解释变量	被解释变量：社会信任		
	（1）	（2）	（3）
省级层面人口流动性	−1.269**	−1.869***	−4.683***
	（0.587）	（0.610）	（0.846）
省级层面人口流动性平方项	2.431	4.544***	10.574***
	（1.562）	（1.622）	（1.751）
个体特征变量	未控制	未控制	控制
地区特征变量	未控制	控制	控制
Pseudo R^2	0.0005	0.0091	0.0146
样本数	7917	7668	7668

第四节　进一步讨论：人口流动对居民社会信任影响的异质性

上述回归我们没有考虑到个体之间的差异，当个体特征不同时，人口流动对他们社会信任的影响也可能存在不同。个体差异本章将着重考察受访者的年龄、受教育程度、是否在体制内就业以及户籍是否在调查地四个方面。

表 5-8 汇报了人口流动性对社会信任影响的异质性。第（1）列和第（2）列汇报的是按照年龄分组的回归结果。用 18—45 岁代表相对年轻组，45 岁及以上代表相对年长组。回归结果发现，在相对年轻组中，人口流动性和社会信任水平呈显著的 U 型关系，U 型曲线的拐点处人口流动性在 24.15% 左右；但在相对年长组中，虽然人口流动性的一次项系数为负，二次项系数为正，但是这两个变量均不具有统计显著性，这意味着相对年轻人群的社会信任水平更容易受到人口流动性的影响，而相对年长人群受到的影响较小。①

第（3）列和第（4）列汇报的是按照受教育程度分组的回归结果，并用初中及以下代表文化程度相对较低组，高中及以上代表文化程度相对较高组。回归结果发现，人口流动性在初中及以下组别中呈现显著的 U 型关系，U 型曲线的拐点处人口流动性在 25.44% 左右，而在高中及以上组别中人口流动性及其平方项均不具有统计显著性。这说明，人口流动性对文化程度相对较高的人群影响较小，这可能是因为文化程度较高的人群具有较高

---

①　除了以 45 岁为临界点外，我们还以 35 岁和 55 岁为临界点依次进行了分组回归，发现了同样的结论，即在相对年轻组中显著呈 U 型关系，而在相对年长组中不显著。

的认知水平，对外界环境存在的潜在风险具有更强和更稳定的识别判断能力，受到外部风险影响的程度要小。①

第（5）列和第（6）列汇报的是按照受访者就业单位性质②分组的回归结果，根据就业单位性质把受访者分为了体制外就业和体制内就业两组。回归结果显示，在体制外就业组别中，人口流动性对他们社会信任水平的影响呈显著的 U 型关系，且 U 型曲线的拐点处人口流动性在 27.34% 左右；而在体制内就业组别中，人口流动性对社会信任的影响不具有统计显著性。一种合理的解释是流动人口和本地劳动力存在着劳动力市场分割，流动人口主要就业于次级劳动力市场中，这可能冲击了体制外就业的人群，从而导致这部分人群对外界环境作出负面评价，进而对他们的社会信任水平产生了显著的影响，而对于体制内就业的人群来说，流动人口在劳动力市场上很难与他们形成竞争。

第（7）列和第（8）列汇报的是按照户籍地是否在调查地分组的回归结果，根据这一划分方式分为当地户籍人口和流动人口。从回归结果可以看到，一个地区的人口流动性对当地居民的社会信任产生了显著 U 型影响，U 型曲线的拐点处人口流动性在 22.42% 左右，而对流动人口不具有统计显著性。这可能是因为当地户籍居民对流动人口参与竞争当地公共资源的敏感度更高，而这可能会导致他们对流动人口的负面评价，进而对其自身社会信任产生了显著影响。

表 5-8　　　　　　　　　人口流动对社会信任影响的异质性：个体差异

解释变量	被解释变量：社会信任水平							
	年龄		受教育程度		就业单位性质		户籍是否在本地③	
	(1) 18—45 岁	(2) 45 岁及以上	(3) 初中及以下	(4) 高中及以上	(5) 体制外就业	(6) 体制内就业	(7) 当地户籍人口	(8) 流动人口
人口流动性	-3.309*** (0.759)	-0.146 (0.833)	-2.775*** (0.687)	-0.004 (0.996)	-2.764*** (1.020)	-0.389 (1.076)	-2.114*** (0.579)	-5.733 (4.052)

———————————

① 我们也对高中及以下和大专及以上两组分别进行了回归，发现结论不变，即对受教育程度较低的高中及以下组别显著呈 U 型关系，而对受教育程度较高的大专及以上组不显著。

② 关于就业单位性质，问卷中的问题是："您单位后公司所属性质是以下哪一类？1. 党政机关；2. 国有企业；3. 国有事业；4. 集体企事业；5. 个体经营；6. 私/民营企事业；7. 三资企业；8. 其他"，我们把回答为 1—3 的归入体制内就业，回答为 4—8 的归入体制外就业。

③ 根据被访者户籍地是否在本地识别该受访者是当地户籍居民还是流动人口。CGSS2005 年关于常住户口所在地的问题："您的常住户口所在地是：1. 在本居住地址；2. 非本居住地址，但在本区/县/县级市；3. 非本区/县/县级市，但在本省/自治区/直辖市内；4. 在外省/自治区/直辖市"。需要说明的是，根据 CGSS2005 访问员手册对常住户口所在地的解释，常住户口所在地就是指受访者的户籍登记地，回答为"在本居住地址"的样本即为当地户籍居民。由于该调查对"本居住地"的界定不明，因此回答为"非本居住地址，但在本区/县/县级市"不能确定是当地户籍居民还是流动人口，为了严谨起见，在样本处理时把回答这一选项的样本剔除。因此回答为后两项则是流动人口。

续表

解释变量	被解释变量：社会信任水平							
	年龄		受教育程度		就业单位性质		户籍是否在本地	
	(1) 18—45 岁	(2) 45 岁及以上	(3) 初中及以下	(4) 高中及以上	(5) 体制外就业	(6) 体制内就业	(7) 当地户籍人口	(8) 流动人口
人口流动性平方项	6.851 *** (1.573)	0.306 (1.783)	5.454 *** (1.521)	1.036 (1.975)	5.054 ** (1.992)	2.010 (2.285)	4.714 *** (1.234)	6.936 (7.520)
个体特征变量	控制	控制	控制	控制	控制	控制	控制	控制
地区特征变量	控制	控制	控制	控制	控制	控制	控制	控制
Pseudo R^2	0.0164	0.0106	0.0122	0.0118	0.0188	0.0077	0.0112	0.0899
样本数	3950	3565	5072	2443	2153	2220	7057	204

第五节　本章小结

本章利用 2005 年中国综合社会调查数据（CGSS2005），将其与 2005 年各省（市、自治区）1%人口抽样调查资料相匹配，实证研究了一个地区的人口流动性对该地区居民社会信任的影响。考虑到内生性问题，寻找了单位耕地面积农业机械总动力及其平方项作为人口流动性及其平方项的工具变量，研究得到以下主要结论：

首先，人口流动性对居民社会信任水平产生了先抑制后促进的 U 型影响，且 U 型曲线拐点处人口流动性在 27.80%左右，即居民的社会信任水平最初会随着人口流动性的增强而降低，但是当人口流动性超过拐点之后，居民的社会信任水平会随着人口流动性的增强而提高。一系列的稳健性检验发现这一基本结论依然成立。

其次，本章还讨论了人口流动对居民社会信任影响的异质性。研究发现，一个地区的人口流动性对该地区 18—45 岁、初中及以下、体制外就业和户籍居民的社会信任具有显著的 U 型影响，且人口流动性作用的拐点分别约在 24.15%、25.44%、27.34% 和22.42%，但对 45 岁及以上、高中及以上、体制内就业和流动人口不具有统计显著的影响。

本章的研究结论具有一定的政策含义。从提高社会信任的角度来看，由于 U 型曲线拐点处人口流动性在 27.80%左右，而当前我国绝大多数地市的人口流动性都低于该值，因此进一步消除人口空间流动的制度障碍，促进人口自由流动，将有助于发挥人口流动在提升社会信任中的潜在作用，这对降低交易成本促进经济发展、增进社会福利、促进社会融合都具有重要现实意义。

第六章　外来人口对流入地居民社会信任的影响

上一章探讨了一个地区的人口流动性对该地区居民社会信任的影响，但这种人口流动性对社会信任的影响可能不同于以下两种人口流动行为的影响：第一种是户籍不在某一地级市，但流入到该地级市的外来人口（本书以地级市为分析单元，除了直辖市）；第二种是户籍在某一地级市、但流动到该地级市以外的外流人口。对于第一种，外来人口的流入可能会对流入地户籍居民产生一定的冲击，那么在这种冲击下流入地居民的社会信任将会受到怎样的影响呢？本章接下来尝试进行探讨。需要说明的是，本章研究的"居民"指户籍在流入地且没有发生流动的居民。①

具体的结构安排如下：第一节是研究设计，包括了数据来源、样本选择、变量选取等内容；第二节是基本回归估计；第三节是内生性处理和稳健性检验；第四节对外来人口影响社会信任的机制进行检验；第五节是模型的拓展，进一步讨论了人口流动对居民社会信任影响的异质性；第六节为本章小结。

第一节　研究设计

一、数据介绍与样本选择

本章使用的数据主要有四个来源。数据来源之一是 2005 年全国 1% 人口抽样调查微观数据库，根据该数据库测算一个地级市（或直辖市）的外来人口占比。数据来源之二是 2005 年中国综合社会调查数据（CGSS2005）。中国综合社会调查由中国人民大学社会学系与香港科技大学社会调查中心联合组织实施，已经于 2003 年、2004 年、2005 年、2006 年、2008 年、2010 年、2011 年、2012 年、2013 和 2015 年展开了 10 次调查。但由于公开的数据中，只有 2005 年的调查数据能够识别到地级市层面，其他年份的数据都只能识别到省级层面，为了使研究更加明细，因此我们采用了 2005 年的调查数据进行分析。数据来源之三是各省（市、自治区）统计年鉴、《中国统计年鉴》和《中国检察年鉴》，我们从中获得各地级市（或直辖市）人均地区生产总值、城镇居民人均可支配收入、农村居民人均纯收入，各省（市、自治区）常住人口数和检察机关批准逮捕人数等数据。数据

---

① 我们以湖北省宜昌市为例，如果该受访者虽然户籍地属于宜昌这一地级市，但是他自身又发生了流动，比如从宜昌市的一个县流动到宜昌市辖区，则不属于本章研究的样本对象，我们主要想探讨外来人口对那些流入地户籍居民且本身又没有发生流动的居民的影响。

来源之四是 2015 年中国社会状况综合调查（Chinese Social Survey，简称 CSS），这一数据在稳健性检验时使用。

由于我们研究的是外来人口对流入地当地户籍且没有发生流动的居民社会信任的影响，在识别符合要求的样本时，根据 CGSS2005 问卷中关于户口所在地的变量（A6）："您的常住户口所在地是：1. 在本居住地址；2. 非本居住地址，但在本区/县/县级市；3. 非本区/县/县级市，但在本省/自治区/直辖市内；4. 在外省/自治区/直辖市"。需要说明的是，根据 CGSS2005 访问员手册对常住户口所在地的解释，常住户口所在地就是指受访者的户籍登记地。我们把回答为"在本居住地址"的样本保留，由于该调查对"本居住地址"的范围界定不明，因此回答为"非本居住地址，但在本区/县/县级市"不能确定是当地户籍居民还是流动人口，为了严谨起见，在样本处理时把回答这一选项的样本剔除，只保留了 CGSS2005 样本中户口登记地在"在本居住地址"的样本，同时剔除了外来人口占比和社会信任缺失的相关变量，最后整理得到覆盖东中西三大经济带有效样本7117 个。

从样本分布特征来看，男性占 53.13%，女性占 46.87%；汉族占 95.12%，少数民族占 4.88%；已婚占 85.81%，未婚等其他婚姻状况占 14.19%；小学及以下占 38.53%，初中占 29.59%，高中或中专占 22.59%，大专及以上占 9.29%；18—30 岁占 15.10%，30—50 岁占 45.98%，50 岁及以上占 38.92%；分地区来看，东、中、西地区样本分别占52.82%、23.41%和 23.77%，具有较好的全国代表性。

二、模型设定与变量选取

（一）模型设定

由于本章的被解释变量社会信任取值是离散且有序的，其赋值是 1—5 的整数，因此我们选择有序 probit（ordered probit）模型进行回归分析。有序 probit 模型假定存在一个能够代替被解释变量 Trust，但又不能被观测到的潜变量 $Trust^*$，其由下式决定：

$$Trust_{ij}^* = \lambda_0 + \lambda_1 Inflowpop_j + \lambda_2 Inflowpop_j^2 + \beta X_{ij} + \delta R_j + U_{ij}$$

同时，设 $\alpha_1 < \alpha_2 < \alpha_3 < \alpha_4$ 是未知的割点，并定义：

$$Trust_{ij} = 1, \text{ 如果 } Trust^* \leq \alpha_1;$$
$$Trust_{ij} = 2, \text{ 如果 } \alpha_1 < Trust^* \leq \alpha_2;$$
$$Trust_{ij} = 3, \text{ 如果 } \alpha_2 < Trust^* \leq \alpha_3;$$
$$Trust_{ij} = 4, \text{ 如果 } \alpha_3 < Trust^* \leq \alpha_4;$$
$$Trust_{ij} = 5, \text{ 如果 } Trust^* > \alpha_4$$

其中，被解释变量 $Trust_{ij}^*$ 表示 j 地区个体 i 的社会信任水平，$Inflowpop_j$ 表示 j 地区外来人口占比，考虑到外来人口占比和社会信任之间可能存在非线性关系，我们还加入了其平方项 $Inflowpop_j^2$，λ_1 和 λ_2 是对应的回归系数；X_{ij} 表示受访者个体特征变量矩阵，β是对应的回归系数矩阵；R_j 表示地区特征变量矩阵，δ是对应的回归系数矩阵；λ_0 和 U_{ij} 分别表示常数项和随机扰动项。

(二) 变量定义

1. 被解释变量的测量

本章的被解释变量是受访者的社会信任水平。以往研究对该变量的测量采用的是对陌生人的信任或者是对绝大多数人的信任 (史宇鹏、李新荣，2016；黄玖立、刘畅，2017)，参考现有研究的做法，我们采用 CGSS2005 中关于信任的调查。CGSS2005 年针对该问题把调查对象分为对 (近) 邻居，(城镇的) 远邻/街坊或 (乡村) 邻居以外的同村居民，同村的同姓人士，同村的非同姓人士，亲戚，同事，交情不深的朋友/相识，老同学，在外地相遇的同乡 (以同市或同县为界限)，一起参加文娱、健身、进修等业余活动的人士，一起参加宗教活动的人士，一起参加社会活动/公益活动的人士以及陌生人的信任，针对每一类受访者，询问的问题是 "在不直接涉及金钱利益的一般社会交往/接触中，您觉得下列人士中可以信任的人多不多呢？1. 绝大多数不可信；2. 多数不可信；3. 可信与不可信者各半；4. 多数可信；5. 绝大多数可信"。由于本书研究的是社会信任问题，因此我们选择了对陌生人的信任来衡量社会信任水平。根据调查数据显示，受访者的社会信任水平的平均值为 1.828，介于 "绝大多数不可信" 和 "多数不可信" 之间，接近 "多数不可信"，反映了居民较低的社会信任水平。从不同社会信任水平的比例分布来看，回答为 "绝大多数不可信" 的受访者占 48.01%，回答为 "多数不可信" 的占 27.48%，回答为 "可信与不可信者各半" 的占 19.38%，回答为 "多数可信" 的占 3.99%，回答为 "绝大多数可信" 的占 1.14%。

2. 核心解释变量的测量

本章核心解释变量是各地级市 (或直辖市) 的外来人口占比。关于外来人口占比的测量，陆铭、鸥海军等 (2014)，陈刚 (2016)，李佳楠、游伟翔等 (2017) 根据 2005 年全国 1% 人口抽样调查微观数据库计算获得，我们借鉴这一做法，也利用该微观数据库进行计算，计算方法是用本市来自其他市的人口数/本市常住人口数。

3. 控制变量的选取

本章的控制变量主要包括两类：一类是个体特征变量 X_{ij}，一类是地区特征变量 R_j。

关于个体特征变量，参考现有的研究 (李涛等，2008；杨明等，2011；史宇鹏、李新荣，2016；黄玖立、刘畅，2017)，我们引入了以下变量：性别变量，男性赋值为 1，女性赋值为 0；年龄变量，是受访者在接受访问时的周岁年龄，同时考虑到年龄与社会信任可能存在非线性关系，我们还控制了年龄的平方项。民族变量，汉族赋值为 1，少数民族赋值为 0；婚姻变量，已婚赋值为 1，其他赋值为 0；受教育年限，按照受访者的回答和我国现行学制，将没有受过正式教育的赋值为 0，小学一年级到六年级分别赋值为 1—6，初中一年级到三年级分别赋值为 7—9，高中一年级到三年级赋值为 10—12，职高或中专赋值为 12，大专赋值为 15，本科赋值为 16，研究生及以上赋值为 19；考虑到受教育水平和个体社会信任水平的非线性关系，同时引入了受教育水平的平方项。健康变量，按照受访者的回答，把回答为"非常不好"赋值为1，"不好"赋值为2，"一般"赋值为3，"好"赋值为4，"很好"赋值为5，"非常好"赋值为6；党员变量，中共党员赋值为1，否则为0；参加宗教活动频率，根据受访者的回答，把回答为"从不"赋值为1，"一年几次"赋值为2，"一月一次"赋值为3，"一周几次"赋值为4，"一周一次"赋值为5。此外，有研究表明，社会经济地位较高的人，可能是因为拥有更多的资源来承担"信任他人"失败的风险和损失（尤斯拉纳，2006），通常拥有较高的信任水平（Putnam，2000），因此我们还控制了个体的社会经济地位变量，根据受访者的回答，把回答为"较低"的赋值为1，"差不多"赋值为2，"较高"赋值为3。个体的幸福感也会对其认知和行为产生影响（Pessoa，2008；Mohiyeddini 等，2009），因此我们控制个体的幸福感。根据受访者的回答，把回答为"非常不幸福"赋值为1，"不幸福"赋值为2，"一般"赋值为3，"幸福"赋值为4，"非常幸福"赋值为5。

已有的研究表明，邻里关系会对居民的社会信任水平具有显著的促进作用（Delhey 和 Newton，2003），因此我们也控制了这一变量。该变量采用问卷中的问题："您和邻居，街坊/同村其他居民互相之间的熟悉程度是怎样的?"把回答为"非常不熟悉"的赋值为1，"不太熟悉"赋值为2，"一般"赋值为3，"比较熟悉"赋值为4，"非常熟悉"赋值为5。Tao 等（2014）研究发现了居民的政治信任对其社会信任具有显著的促进作用，我们进一步控制了受者的政府信任水平。关于该变量，采用问卷中的问题："在过去四年内，您有没有同政府机关（村组织）发生纠纷呢?"我们认为如果受访者和政府机关（村组织）发生过纠纷，那么他们对政府的信任水平一般也相对较低。变量赋值上把回答为"有"的赋值为1，"没有"的赋值为0。

关于地区特征变量，参考已有的研究，我们控制了地区经济发展水平、地区收入差距和地区治安状况。地区经济发展水平会对居民的社会信任程度产生影响（张维迎、柯荣住，2002；Bjørnskov，2006），我们用地区人均 GDP 来表示，以对数的形式引入回归中，数据来源于各省（市、自治区）统计年鉴。以往的研究还发现，收入差距会显著地降低了城乡居民的社会信任水平（Knack 和 Keefer，1997；Park 和 Subramanian，2012），因此本书的研究也控制了这一变量。考虑到收入差距在中国收入差距结构中占有主导地位，我们以城乡收入差距来度量收入差距变量，城乡收入差距的度量方法是城镇居民年人均可支配收入与农村居民人均纯收入之比，城镇居民年人均可支配收入与农村居民年人均纯收入数据来源于各省（市、自治区）统计年鉴。地区治安水平的下降对社会信任带来一定程度的负面影响（Delhey 和 Newton，2002），因此我们进一步控制了地区治安状况，用"每万常住人口中检察机关批准逮捕的人数"来反映。由于检察机关批准逮捕的人数只有省级层面上的数据，没有地级市层面的数据，因此对于各省份的地级市这一指标，我们用省级层面的数据作为各个地级市的替代变量，直辖市的这一指标依然是全直辖市的相应数据。检察机关批准逮捕的人数来源于相应年份各省（市、自治区）人民检察院工作报告，个别缺失数据根据《中国检察年鉴》中关于"地方、军事检察工作"的资料进行补充。主要变量的描述统计见表6-1。

表 6-1   **主要变量的描述性统计**

变量名	最小值	最大值	均值	标准差	样本数
社会信任水平	1	5	1.827	0.952	7117
外来人口占比	0.0003	0.788	0.070	0.098	7117
男性	0	1	0.468	0.499	7117
年龄	18	94	45.476	14.855	7117
汉族	0	1	0.951	0.215	7117
已婚	0	1	0.858	0.348	7117
受教育年限	0	19	7.951	4.498	7075
健康状况	1	6	4.049	1.401	7117
党员	0	1	0.107	0.309	7117
宗教活动频率	1	5	1.132	0.595	7117
社会经济地位	1	3	1.695	0.573	6969
幸福感	1	5	3.425	0.768	7117
邻里关系	1	5	3.834	0.976	7117
是否和政府有过纠纷	0	1	0.023	0.151	7117
地区人均 GDP 对数（元）	8.554	11.145	9.518	0.669	7117
地区收入差距	1.737	4.494	2.658	0.535	6953
地区治安状况	3.556	14.040	7.055	3.087	7117
市辖区行政区域土地面积对数（平方千米）①	4.997	9.408	7.271	1.093	6648

第二节 外来人口对流入地居民社会信任的影响：基本回归

　　表 6-2 报告了外来人口对流入地居民社会信任的影响。第（1）列仅控制了外来人口占比和外来人口占比的平方项。回归结果显示，外来人口占比的回归系数在 1% 的显著性水平上为负，其平方项的回归系数在 1% 的显著性水平上为正，说明外来人口占比对流入地居民的社会信任水平产生了先抑制后促进的 U 型影响，U 型曲线拐点处外来人口占比在 36.32% 左右。第（2）列是在第（1）列的基础上控制了受访者的基本人口学特征，包括性别、年龄、民族、婚姻、受教育年限和健康状况，回归结果显示，外来人口占比及其平方项回归系数的符号和显著性均没有发生变化，外来人口占比和流入地居民的社会信任

---

　　① 作为本章内生性处理时的工具变量，数据来源于 2006 年《中国城市统计年鉴》。

水平依然呈现 U 型关系，曲线拐点处外来人口占比在 35.14% 左右。

第（3）列是在第（2）列的基础上进一步控制了受访者的其他个体特征变量，发现外来人口占比和流入地居民的社会信任水平依然呈现 U 型关系，U 型曲线的拐点处外来人口占比在 36.70% 左右。在控制变量上，民族为汉族更有利于促进个体的社会信任水平，这可能是因为相对少数民族，汉族居民和周围居民生活环境的异质性更低、文化更相似。受教育年限的一次项回归系数在 1% 的显著性水平上为负，二次项为正但不具有统计显著性。而健康水平变量在 1% 的显著性水平上为正，说明个体的健康水平有利于提高其社会信任水平。受访者的社会经济地位变量在 1% 的显著性水平上为正，说明居民的社会经济地位也有利于提高其社会信任水平。这可能是因为较高社会经济地位的人，他们拥有更多的资源来承担"信任他人"失败的风险和损失（尤斯拉纳，2006）。此外，与政府发生纠纷显著降低了居民的社会信任水平，一种可能的解释是如果和政府发生过纠纷，那么其对政府信任水平也可能较低，而政府在社会中本身具有一定的权威性，当个体对政府这样权威机构的信任水平较低时，其对社会上陌生人的信任水平也可能较低。

考虑到地区特征变量也可能对个体的社会信任水平产生影响，而遗漏这些变量则可能导致遗漏偏误，因此我们在第（3）列的基础上进一步控制了地区人均生产总值、地区收入差距和地区社会治安状况，第（4）列回归结果显示，外来人口占比和社会信任水平依然呈现 U 型关系，曲线拐点处外来人口占比约为 26.66%。这说明，当外来人口占比低于这一拐点值时，外来人口的流入降低了流入地居民的社会信任水平；当外来人口比例超过这一拐点值之后，外来人口的继续流入有利于提高流入地居民的社会信任水平，前文提出的假说 2 得到了验证。地区特征变量中，人均 GDP 有利于提高该地区居民的社会信任，说明了经济发展水平在提升居民社会信任水平中发挥了重要作用。而地区收入差距显著降低了居民的社会信任水平，这可能是因为收入差距的扩大加剧了社会分化，拉大了人们之间的心理距离，从而造成了社会信任水平的下降。地区治安状况回归系数为负，但不具有统计显著的影响。

表 6-2　　　　　　　外来人口对流入地居民社会信任的影响：oprobit 回归

解释变量	被解释变量：社会信任			
	（1）	（2）	（3）	（4）
外来人口占比	−1.203***	−1.137***	−1.057***	−2.253***
	（0.253）	（0.272）	（0.278）	（0.824）
外来人口占比平方项	1.656***	1.618***	1.440***	4.226*
	（0.506）	（0.533）	（0.537）	（2.349）
男性		−0.001	0.006	0.006
		（0.027）	（0.028）	（0.028）

续表

解释变量	被解释变量：社会信任			
	（1）	（2）	（3）	（4）
年龄		0.003 （0.005）	0.006 （0.006）	0.005 （0.006）
年龄平方/100		−0.002 （0.005）	−0.005 （0.006）	−0.005 （0.006）
汉族		0.199*** （0.071）	0.196*** （0.071）	0.143* （0.080）
已婚		−0.020 （0.044）	−0.025 （0.045）	−0.015 （0.046）
受教育年限		−0.026*** （0.009）	−0.027*** （0.009）	−0.030*** （0.009）
受教育年限平方/100		0.101* （0.060）	0.087 （0.062）	0.095 （0.063）
健康状况		0.069*** （0.010）	0.059*** （0.010）	0.054*** （0.011）
党员			−0.017 （0.047）	−0.003 （0.047）
宗教活动频率			0.018 （0.025）	0.000 （0.026）
社会经济地位			0.112*** （0.025）	0.112*** （0.026）
幸福感			0.017 （0.020）	0.008 （0.020）
邻里关系			−0.013 （0.015）	−0.011 （0.015）
是否和政府有过纠纷			−0.195** （0.086）	−0.192** （0.088）
地区人均GDP				0.111*** （0.028）

续表

解释变量	被解释变量：社会信任			
	（1）	（2）	（3）	（4）
地区收入差距				−0.077***
				（0.029）
地区治安状况				−0.008
				（0.006）
Pseudo R^2	0.0015	0.0052	0.0071	0.0091
样本数	7117	7075	6928	6767

注：（1）为了克服异方差问题，括号内为稳健标准误；（2）*、**、*** 分别表示在10%、5%和1%的水平上显著。下表同。

第三节 内生性处理与稳健性检验

一、内生性处理

上述回归结果可能有偏误。一方面，回归中可能遗漏了一些既影响外来人口占比又影响居民社会信任水平的变量，从而可能导致内生性问题。尽管我们在回归中已经控制了个体特征变量和地区特征变量，以克服遗漏变量带来的估计偏误，但是仍然不能解决内生性问题。另一方面，社会信任水平会对人口流动产生影响（高虹、陆铭，2010；Bёrxulli，2016），也就是说外来人口占比和居民的社会信任水平可能存在双向因果的关系，也会导致内生性问题。因此，有必要寻找合适的工具变量来克服这一问题。本书选择市辖区行政区域土地面积及其平方项作为外来人口占比及其平方项的工具变量，采用工具变量法估计外来人口对流入地居民社会信任的影响。选择该工具变量的合理性在于：一个地级市（或者直辖市）市辖区行政区域面积越大，就越有可能为外来人口提供就业机会，进而可能吸引外来人口流入本地，因此工具变量和外来人口占比存在一定的相关性。同时该变量不会对居民的社会信任水平产生直接影响，这较好地保证了工具变量的外生性。因此，从理论上来说，这一工具变量的选择是合理的。为了进一步检验工具变量的有效性，我们进行了工具变量有效性检验。工具变量显著性的 F 检验显示，虽然外来人口占比及其平方项的 Shea's Partial R^2 分别为 0.0161 和 0.0115，都比较小，但是它们的 F 统计量分别为1096.68 和 851.96，都超过了10，且 P 值均为 0.000。而且，第一阶段回归结果显示，工具变量对外来人口占比及其平方项都具有显著影响，[①] 即具备较好的解释力，因此不存在弱工具变量问题，说明选取的工具变量是合理的。

---

① 限于篇幅，第一阶段回归结果没有汇报。

表 6-3 第（1）列的 2SLS 回归结果表明，外来人口占比和流入地居民的社会信任依然存在 U 型关系，且曲线最低点处外来人口占比约为 14.84%。为了进一步验证估计结果的稳健性，我们使用不同的估计方法进行估计。首先使用对弱工具变量更不敏感的有限信息最大似然法（LIML），同时还使用了存在异方差①的情况下比 2SLS 更有效率的 GMM 估计，估计结果未改变本章上述的基本结论。

表 6-3　　　　　　　　外来人口对流入地居民社会信任的影响：IV 估计

解释变量	被解释变量：社会信任		
	（1）2SLS	（2）GMM	（3）LIML
外来人口占比	−25.335*** (5.450)	−25.335*** (5.450)	−25.335*** (5.450)
外来人口占比平方项	85.354*** (18.066)	85.354*** (18.066)	85.354*** (18.066)
男性	−0.000 (0.029)	−0.000 (0.029)	−0.000 (0.029)
年龄	0.001 (0.006)	0.001 (0.006)	0.001 (0.006)
年龄平方/100	−0.000 (0.006)	−0.000 (0.006)	−0.000 (0.006)
汉族	−0.037 (0.092)	−0.037 (0.092)	−0.037 (0.092)
已婚	−0.049 (0.048)	−0.049 (0.048)	−0.049 (0.048)
受教育年限	−0.029*** (0.010)	−0.029*** (0.010)	−0.029*** (0.010)
受教育年限平方/100	0.138*** (0.065)	0.138*** (0.065)	0.138*** (0.065)
健康状况	0.039*** (0.011)	0.039*** (0.011)	0.039*** (0.011)
党员	0.047 (0.050)	0.047 (0.050)	0.047 (0.050)

① 我们进行了异方差检验，BP 检验和怀特检验都显示 P 值为 0.000，表明存在异方差性。

续表

解释变量	被解释变量：社会信任		
	（1）2SLS	（2）GMM	（3）LIML
宗教活动频率	-0.056* (0.028)	-0.056* (0.028)	-0.056* (0.028)
社会经济地位	0.081*** (0.026)	0.081*** (0.026)	0.081*** (0.026)
幸福感	-0.012 (0.020)	-0.012 (0.020)	-0.012 (0.020)
邻里关系	-0.035** (0.017)	-0.035** (0.017)	-0.035** (0.017)
是否和政府有过纠纷	-0.190** (0.083)	-0.190** (0.083)	-0.190** (0.083)
地区人均GDP	0.104** (0.042)	0.104** (0.042)	0.104** (0.042)
地区收入差距	-0.156*** (0.039)	-0.156*** (0.039)	-0.156*** (0.039)
地区治安状况	0.003 (0.011)	0.003 (0.011)	0.003 (0.011)
常数项	1.890*** (0.460)	1.890*** (0.460)	1.890*** (0.460)
样本数	6453	6453	6453

二、稳健性检验

（一）变换计量方法

为了进一步检验上述回归结果的稳健性，本章接下来利用 OLS 和 Ologit 模型进行估计，回归结果见表 6-4。表中前三列汇报的是 OLS 估计的结果。第（1）列仅控制了外来人口占比及其平方项，回归结果显示，外来人口占比和流入地居民社会信任呈现 U 型关系，在 U 型曲线的拐点处外来人口占比大约为 37.86%。第（2）列在第（1）列的基础上加入了个体特征变量，发现外来人口占比和居民社会信任水平的 U 型关系没有改变，U型曲线的拐点处外来人口占比大约为 38.97%。第（3）列是在第（2）列的基础上进一步控制了地区特征变量，发现外来人口占比和流入地居民社会信任水平的 U 型关系依然不变，U 型曲线最低点处外来人口占比约为 26.18%。表中后三列汇报的是 Ologit 模型估计的结果。从回归结果可以看出，外来人口占比及其平方项的符号和显著性均没有改变，外来人口占比和流入地居民社会信任水平之间的 U 型关系依然成立，曲线拐点处外来人口占比分别约为 36.02%、35.98% 和 27.36%。

因此，无论是 OLS 估计还是 Ologit 估计，外来人口占比和流入地居民社会信任水平之间的 U 型关系始终没有改变，且拐点处外来人口占比的取值和基本回归结果基本一致，说明了上述回归结果是稳健的。

表 6-4　　　　　　　　　　　　稳健性检验之一：变换计量方法

解释变量	被解释变量：社会信任水平					
	OLS（1）	OLS（2）	OLS（3）	Ologit（1）	Ologit（2）	Ologit（3）
外来人口占比	−0.986*** （0.210）	−0.869*** （0.229）	−1.990*** （0.689）	−2.079*** （0.413）	−1.868*** （0.459）	−3.843*** （1.365）
外来人口占比平方项	1.302*** （0.435）	1.115** （0.452）	3.800* （1.971）	2.886*** （0.793）	2.596*** （0.857）	7.022* （3.815）
个体特征变量	未控制	控制	控制	未控制	控制	控制
地区特征变量	未控制	未控制	控制	未控制	未控制	控制
常数项	1.877*** （0.015）	1.359*** （0.146）	0.812*** （0.274）			
R^2 或 Pseudo R^2	0.0035	0.0170	0.0217	0.0016	0.0074	0.0093
样本数	7117	6928	6767	7117	6928	6767

注：控制变量同表 6-2 第（4）列。下表同。

（二）更换外来人口的测算指标

为了进一步检验回归结果的稳健性，我们更换外来人口的测算指标。关于外来人口的测量，史晋川、吴兴杰（2010）、陈硕、章元（2014）用《全国暂住人口统计资料汇编》中的各省（市、自治区）暂住人口数来表示外来人口数，王同益（2014）使用《全国暂住人口统计资料汇编》中的各省（市、自治区）暂住人口数和《中华人民共和国全国分县市人口统计资料》[①] 中的各省（市、自治区）户籍迁入人口数之和来表示各省（市、自治区）外来人口。无论是暂住人口还是户籍迁入人口，由于资料公布的都只有省级层面上的数据，没有地级市层面上的数据，因此这里的稳健性分析是在省级层面上，参考以

---

① 《中华人民共和国全国分县市人口统计资料》和《全国暂住人口统计资料汇编》均由公安部治安管理局编著。

上文献的做法，本书将分别用来自外省的暂住人口数①以及来自外省的暂住人口和户籍迁入人口之和来表示外来人口②，在回归中分别以对数引入。由于此时外来人口数是省级层面上的变量，因此控制变量中的地区特征变量也相应调整到省级层面。回归结果见表6-5。

表6-5　　　　　　　　　　稳健性检验之二：更换外来人口的测量指标

解释变量	被解释变量：社会信任			
	暂住人口数		暂住人口和户籍迁入人口数	
	（1）oprobit	（2）ologit	（3）oprobit	（4）ologit
外来人口	−0.341***	−0.658***	−0.218*	−0.457**
	(0.071)	(0.121)	(0.112)	(0.191)
外来人口平方项	0.029***	0.054***	0.019*	0.038**
	(0.006)	(0.011)	(0.010)	(0.017)
个体特征变量	控制	控制	控制	控制
地区特征变量	控制	控制	控制	控制
Pseudo R^2	0.0111	0.0125	0.0100	0.0111
样本数	6928	6928	6928	6928

第（1）列和第（2）列是用暂住人口表示外来人口的回归结果。第（1）列oprobit模型估计中，外来人口数和流入地居民社会信任呈现出了显著的U型关系，说明外来人口的流入最初降低了流入地居民的社会信任水平，当外来人口超过一定阈值后，又提高了流入地居民的社会信任水平。第（2）列的ologit估计中，上述结论没有改变。

第（3）列和第（4）列是用暂住人口和户籍迁入人口的总数表示外来人口的回归结果。可以发现，无论是在第（3）列oprobit中还是第（4）列ologit回归中，外来人口和流入地居民的社会信任水平都依然呈现U型关系，基本结论没有改变，这说明了已有回归结果的稳健性。

（三）剔除受访者合作程度和问卷可靠程度相对较低的样本

我们进一步利用CGSS2005问卷中关于受访者合作程度和问卷所得的可靠程度的评估③进

---

①　按照《全国暂住人口统计资料汇编》的解释，暂住人口是指离开常住户口所在地的市、县到其他市（不含市辖县）、乡（镇）居住3日以上的人员。

②　这里假设在前一年或者更早年份的户籍迁入人口已经在迁入地实现了融合，不再视为外来人口，因此仅当年的户籍迁入人口视为外来人口。

③　这两个评估在问卷中的问题分别是："被访者合作程度如何？1.很合作；2.合作；3.不合作；4.很不合作"；"这份问卷访问所得的可靠程度如何？1.很可靠；2.可靠；3.不可靠；4.很不可靠"。

行稳健性检验。就受访者的合作程度，我们从样本中剔除了那些被访者合作程度为"很不合作和不合作"的样本，即保留那些访员对受访者的合作程度评价为"很合作和合作"的样本；就问卷所得的可靠程度，我们从样本中剔除了"很不可靠和不可靠"的样本，即保留那些访员对问卷可靠程度评价为"很可靠和可靠"的样本，利用这两个新的样本重新进行回归分析。回归结果见表6-6。从表中结果可看到，在考虑了被访者合作程度和问卷可靠程度后的两个新样本的回归结果和总样本的回归结果是一致的，说明了已有回归结果的稳健性。

表6-6　稳健性检验之三：剔除合作程度和问卷可靠程度相对较低的样本（oprobit）

解释变量	被解释变量：社会信任水平			
	剔除受访者合作程度相对较低样本		剔除问卷可靠程度相对较低样本	
	（1）	（2）	（3）	（4）
外来人口占比	−1.258***	−2.122***	−1.208***	−2.276***
	（0.288）	（0.789）	（0.280）	（0.784）
外来人口占比平方项	1.892***	3.877*	1.661**	4.339**
	（0.695）	（2.203）	（.655）	（2.195）
个体特征变量	未控制	控制	未控制	控制
地区特征变量	未控制	控制	未控制	控制
Pseudo R²	0.0015	0.0090	0.0015	0.0087
样本数	6969	6627	7008	6661

（四）变换样本数据

接下来，我们使用2015年中国社会状况综合调查（Chinese Social Survey，简称CSS）和2015年各省（市、自治区）1%人口抽样调查资料研究外来人口对流入地居民社会信任的影响。中国社会状况综合调查是由中国社会科学院社会学研究所于2005年发起的一项全国范围内的大型连续性抽样调查项目①，该调查是双年度的纵贯调查，采用概率抽样的入户访问方式。2015年中国社会状况综合调查覆盖到全国30个省（市、自治区）②，115个地市，2015年完成调查问卷10243份。

根据研究需要，在样本筛选时采用如下标准：第一，由于研究的是外来人口对流入地居民社会信任的影响，因此剔除了受访者的户口登记地不在"此乡、镇、街道"的样本，

① 感谢中国社会科学院社会学研究所提供的数据支持。
② 调查省份为除了新疆以外的30个省份。

只保留了户口登记地在"此乡、镇、街道"① 的样本；第二，与本研究直接相关的重要变量如外来人口占比、社会信任等变量存在缺失的样本将不予保留。整理得到有效样本5207 个。

关于社会信任的测量，2015 年中国社会状况综合调查中的问题（F1a11）是"请问，您信任陌生人吗？1. 完全不信任；2. 不太信任；3. 比较信任；4. 非常信任；8. 不好说"。由于不能很好地判断回答为"8. 不好说"的受访者社会信任水平，因此在样本处理时把回答这一选项的样本删除。根据调查数据显示，社会信任水平均值为 1.456，处于"完全不信任"和"不太信任"之间。从不同社会信任水平的样本分布来看，回答为"完全不信任"的占 60.48%，回答为"不太信任"的占 33.92%，回答为"比较信任"的占5.13%，回答为"非常信任"的占 0.48%。

关于外来人口占比的测量，我们参考已有的研究（潘静、张学志，2015），使用各个地级市（或直辖市）"5 年前常住地在外省的人口占该地市常住人口的比重"作为外来人口占比的代理变量②。这一指标是根据 2015 年各省（市、自治区）1% 人口抽样调查资料③计算所得。根据调查数据显示，5 年前常住地在外省的人口比重的均值为 4.05%，中位数为 1.47%，最小值为 0.21%，最大值为 22.81%。控制变量上，依然控制了受访者的个体特征变量和地区特征变量，结合问卷的调查问题，个别控制变量与上文略有不同，控制变量"宗教信仰"，表示受访者有无宗教信仰，由于 CSS2015 调查中没有宗教活动频率的变量，因此采用这一变量反映受访者的宗教信仰情况。控制变量"政府信任"由于在CSS2015 中没有上文中关于"是否和政府有过纠纷"的变量，我们采用问卷中的如下问题进行测量。问题（F1a7）是"请问，您信任党政机关干部吗？1. 完全不信任；2. 不太信任；3. 比较信任；4. 非常信任；8. 不好说"，删除了回答为"8. 不好说"的样本。鉴于2015 年调查的部分地级市城镇居民家庭人均可支配收入和农民人均纯收入④存在缺失，我们用相邻年份的数据加以替代。2015 年各省（市、自治区）"每万常住人口中检察机关批准逮捕人数"是根据 2016 年各个省（市）人民检察院工作报告和《中国统计年鉴》相关数据计算得到。鉴于调整了部分变量，我们汇报了所有变量的回归结果，回归结果见表 6-7。

---

① 关于受访者户口登记地的调查，CSS2015 问卷中设计的问题（A2b）是"您目前的户口登记地是：1. 此乡（镇、街道）；2. 此县（县级市、区）其他乡（镇、街道）；3. 此省其他县（县级市、区）；4. 外省；5. 户口待定"。

② 由于未能获得 2015 年全国 1% 人口抽样调查微观数据库，所以未能用该数据库直接测算外来人口占比。

③ 限于资料获得，2015 年各省份的 1% 人口抽样资料我们只获得了如下的共 21 个省份资料，这些省份依次是北京、天津、河北、黑龙江、上海、江苏、浙江、福建、江西、河南、湖北、湖南、广东、广西、海南、重庆、云南、陕西、甘肃、青海、宁夏。

④ 2016 年年鉴也公布了农村居民家庭人均可支配收入指标，是省级层面上的指标，没有地级市层面的该指标，同时为了和前面章节保持一致，因此仍然为农民人均纯收入。

表 6-7　　　　　　　　　　**稳健性检验之四：变换样本数据**

解释变量	被解释变量：社会信任水平		
	（1）Oprobit	（2）Ologit	（3）OLS
5 年前常住地在外省的人口比重	-3.163**	-5.595**	-1.540**
	(1.412)	(2.386)	(0.702)
5 年前常住地在外省的人口比重的平方项	11.452*	19.559*	5.597*
	(6.217)	(10.543)	(3.124)
男性	0.239***	0.379***	0.123***
	(0.038)	(0.066)	(0.019)
年龄	-0.010	-0.016	-0.005
	(0.009)	(0.016)	(0.005)
年龄平方/100	0.013	0.021	0.006
	(0.010)	(0.017)	(0.005)
汉族	-0.101	-0.166	-0.054
	(0.085)	(0.145)	(0.045)
已婚	0.010	0.005	0.001
	(0.058)	(0.098)	(0.029)
受教育年限	-0.040***	-0.058**	-0.023***
	(0.013)	(0.023)	(0.007)
受教育年限平方/100	0.373***	0.606***	0.202***
	(0.080)	(0.135)	(0.042)
党员	-0.018	-0.022	-0.007
	(0.066)	(0.114)	(0.036)
宗教信仰	0.026	0.044	0.013
	(0.051)	(0.086)	(0.025)
社会经济地位	0.024	0.047	0.010
	(0.022)	(0.038)	(0.011)
幸福感	0.015	0.028	0.008
	(0.019)	(0.032)	(0.009)
村居委会选举投票	-0.106***	-0.194***	-0.050***
	(0.038)	(0.065)	(0.019)

续表

解释变量	被解释变量：社会信任水平		
	（1）Oprobit	（2）Ologit	（3）OLS
政府信任	0.217***	0.349***	0.106***
	（0.024）	（0.041）	（0.011）
地区人均GDP	0.070	0.117	0.031
	（0.058）	（0.098）	（0.028）
地区收入差距	0.016	0.022	0.005
	（0.046）	（0.078）	（0.022）
地区治安状况	0.015**	0.025**	0.007**
	（0.006）	（0.011）	（0.003）
常数项			0.897**
			（0.353）
R^2或Pseudo R^2	0.0256	0.0253	0.0426
样本数	4310	4310	4310

第（1）列汇报的是Oprobit模型估计的结果。回归结果显示，5年前常住地在外省的人口比重在5%的显著性水平上为负，其平方项在10%的显著性水平上为正，这说明外来人口与流入地居民社会信任水平呈U型关系，U型曲线的拐点处这一比重约为13.86%，这意味着，当5年前常住地在外省的人口比重低于该比值时，这一人口的流入会降低流入地居民的社会信任水平，当超过这一比值后，这一人口的继续流入会提升流入地居民的社会信任水平。

第（2）和第（3）列分别汇报的是Ologit模型和OLS模型估计的结果。回归均显示，5年前常住地在外省的人口比重和流入地居民社会信任水平呈显著的U型关系，U型曲线的拐点处这一比重分别约为14.32%和13.83%，这两个拐点值和Oprobit回归中的拐点值很接近。因此，上述结论和已有的回归结果基本一致，进一步说明了回归结果是稳健的。

第四节　外来人口影响流入地居民社会信任的机制分析

本书在第三章中分析了外来人口影响流入地居民社会信任的机制，接下来本节结合获得的数据对两个方面的机制加以检验：第一是外来人口通过影响流入地的社会治安状况进而对社会信任产生影响；第二是外来人口占比的上升将会促进与当地人的社会互动进而对社会信任产生影响。

一、外来人口与社会治安

外来人口的流入可能会对流入地社会治安产生负面影响，进而不利于流入地居民的社会信任水平。关于社会治安状况，我们分别采用"每万常住人口中检察机关批准逮捕人数"和"每万常住人口中检察机关提起公诉人数"①表示，如果这两个变量取值越大，说明地区社会治安状况越差。参考相关文献的做法，我们同时引入了一些控制变量②，表6-8汇报了这一机制检验结果。从前两列可以看到，外来人口不利于流入地的社会治安状况，外来人口占比每提高一个百分点，每万常住人口中检察机关批准逮捕人数增加30人左右。后两列结果同样可以说明，外来人口不利于流入地的社会治安状况，外来人口占比每提高一个百分点，每万常住人口中检察机关提起公诉人数增加33人左右。这在一定程度上验证了上述影响机制的存在。

表6-8　　　　　　　　　**机制检验之一：外来人口与社会治安（OLS）**

解释变量	每万常住人口中批准逮捕人数		每万常住人口中提起公诉人数	
	（1）	（2）	（3）	（4）
外来人口占比	20.705***	29.712***	21.177***	33.018***
	(0.521)	(0.957)	(0.674)	(1.224)
人口密度		−4.174***		−12.727***
		(0.949)		(1.081)
人口性别比（女性＝100）		0.132***		0.005
		(0.010)		(0.010)
人均GDP对数		−1.569***		−2.037***
		(0.057)		(0.081)
收入差距		−2.527***		−3.348***
		(0.102)		(0.124)
城镇登记失业率		−0.635***		−0.088*
		(0.037)		(0.045)

①　"每万常住人口中检察机关提起公诉人数"同"每万常住人口中批准逮捕人数"一样，也是省级层面上的变量，都是根据各省（市、自治区）人民检察院工作报告和《中国检察年鉴》《中国统计年鉴》计算所得。

②　控制变量都是地级市层面指标，具体说明如下：人口密度是根据常住人口（万）与行政区域面积（平方公里）之比计算所得，数据分别来自2006年各省（市、自治区）统计年鉴和《中国城市统计年鉴》；人口性别比（女性＝100）是根据2005年各省（市、自治区）1%人口抽样调查资料计算所得；人均GDP与收入差距和上文变量说明相同；城镇登记失业率来自2006年《中国城市统计年鉴》；城市化率是根据非农业人口和户籍人口之比计算所得，数据均来自2006年《中国城市统计年鉴》。

续表

解释变量	每万常住人口中批准逮捕人数		每万常住人口中提起公诉人数	
	（1）	（2）	（3）	（4）
城市化率		−3.321*** （0.325）		−0.936** （0.440）
常数项	5.614*** （0.038）	17.592*** （1.185）	6.920*** （0.056）	35.651*** （1.338）
R^2	0.4361	0.7174	0.3880	0.7438
样本数	7117	3907	5524	3088

二、外来人口与社会互动

随着外来人口占比的上升，他们和流入地当地居民的社会互动可能会增加，而日常的往来互动有助于培养社会信任。关于社会互动，我们采用了问卷中的针对流入地居民调查的问题（E21d）："您是否邀请过外来人口到您家做客呢？1. 有；2. 没有；3. 不回答"。变量处理时，我们把回答为"有"的赋值为1，回答为"没有"的赋值为0，剔除了"不回答"的样本。由于被解释变量是0—1虚拟变量，我们采用了二元probit模型，回归结果见表6-9。由于probit模型为非线性回归，为了便于解释，报告的估计系数为解释变量的平均边际效应①（average marginal effect）。从表可看到，在第（1）列中，仅控制了外来人口占比变量，发现外来人口占比的系数在1%的显著性水平上为正；第（2）列控制了被访者的个体特征变量后依然是显著的促进效应，第（3）列在继续控制了地区特征变量后，外来人口占比每提升1%，流入地居民邀请外来人口到家做客的概率上升32.7%。这说明，外来人口增多后，流入地居民和他们之间的社会互动会增加。因此，外来人口占比上升后通过社会互动影响社会信任的这一机制渠道得到验证。

表6-9　　　　　　　　机制检验之二：外来人口与社会互动（probit）

解释变量	被解释变量：社会互动		
	（1）	（2）	（3）
外来人口占比	0.385*** （0.061）	0.403*** （0.064）	0.327** （0.135）
个体特征变量	未控制	未控制	控制

---

① 在这类非线性模型中，均值边际效果与平均边际效果是两类广泛采用的边际效应计算方法，由于均值边际效果仅考虑了位于样本均值特定观测点的边际效应，因此我们报告了能够更好利用数据信息的平均边际效果。

续表

解释变量	被解释变量：社会互动		
	（1）	（2）	（3）
地区特征变量	未控制	控制	控制
Pseudo R^2	0.0080	0.0370	0.0390
样本数	3855	3746	3641

第五节　进一步讨论：外来人口影响流入地居民社会信任的异质性

由于流入地居民之间具有异质性，那么外来人口对流入地居民社会信任的影响，在不同群体之间的影响效应也可能是异质的。本书接下来把样本按照受访者的年龄、受教育程度和就业单位性质分组进行分样本回归。其中年龄是以受访者 45 岁为分界点，用 18—45 岁表示相对年轻组，45 岁及以上表示相对年长组。教育程度以高中为分界点，用高中及以下表示相对低教育程度组，大专及以上表示相对高教育程度组。我们还以受访者 14 岁时父亲的受教育程度替代受访者的受教育程度进行稳健性检验。回归结果分别见表 6-10。

表 6-10 前两列是按照年龄分组的回归结果。回归结果显示，在 18—45 岁相对年轻组中，外来人口占比对他们的社会信任水平产生了先抑制后促进的 U 型影响，U 型曲线最低点处的外来人口占比在 22.13% 左右，而对 45 岁及以上相对年长组不具有统计显著的影响。[1] 这可能是因为相对年长的居民，其社会经验更加丰富，对自己身边的外界环境有着更好的判断能力；而相对年轻的居民其社会经验相对匮乏，判断能力较弱，更容易受到外界环境的影响。

表中第（3）列和第（4）列是按照受访者受教育程度分组的回归结果。回归结果发现，外来人口占比对高中及以下居民的社会信任水平具有 U 型影响，U 型曲线最低点处的外来人口占比在 28.60% 左右，而对大专及以上居民的社会信任水平不具有统计显著的影响。一种合理的解释是受教育程度较低的个体，其风险识别能力相对较弱，外来人口的流入给其生活环境增加了可能的风险，而这种外部风险会对个体的社会信任产生负面影响（李彬、史宇鹏、刘彦兵，2015）。另外，考虑到父母的受教育程度会对子女的受教育程度产生重要影响，我们以受访者 14 岁时其父亲的受教育程度替代受访者自身的受教育程度进行回归，发现这一结论基本不变。

表中第（7）列和第（8）列是按照受访者就业单位性质分组的回归结果。从表中可看到，对于体制外就业的居民，外来人口会对他们的社会信任水平产生显著的 U 型影响，而对体制内就业的居民不具有统计显著性。这或许与当前劳动力市场分割有很大的关系，因为外来人口一般处于次级劳动力市场中，那么他们的流入更有可能与流入地体制外就业

---

[1]　我们以 35 岁为临界点进行回归，结论依然不变。

的居民在劳动力市场上形成竞争，而这种公共资源的争夺会降低社会信任（史宇鹏、李新荣，2016）。

表6-10　　　　　　　　　　　　　　　　　异质性分析：个体差异

解释变量	被解释变量：社会信任水平							
	年龄		受教育程度		父亲的受教育程度		就业单位性质	
	(1) 18—45岁	(2) 45岁及以上	(3) 高中及以下	(4) 大专及以上	(5) 高中及以下	(6) 大专及以上	(7) 体制外就业	(8) 体制内就业
外来人口占比	−3.333*** (1.123)	−1.360 (1.094)	−2.545*** (0.834)	0.605 (2.320)	−2.531*** (0.841)	2.755 (4.112)	−3.349** (1.388)	−0.182 (1.366)
外来人口占比平方项	7.532** (3.097)	1.293 (3.090)	4.450* (2.349)	0.435 (6.191)	4.459* (2.371)	−9.066 (10.743)	7.630** (3.605)	−1.934 (3.893)
个体特征变量	控制	控制	控制	控制	控制	控制	控制	控制
地区特征变量	控制	控制	控制	控制	控制	控制	控制	控制
Pseudo R^2	0.0140	0.0091	0.0093	0.0182	0.0098	0.0545	0.0144	0.0072
样本数	3452	3315	6136	631	5970	221	1892	2051

第六节　本章小结

本章利用2005年中国综合社会调查数据（CGSS2005），将其与"2005年1%人口抽样调查微观数据库"相匹配，实证研究了外来人口对流入地居民社会信任的影响。研究发现，外来人口占比和流入地居民的社会信任水平呈U型关系，U型曲线最低点处外来人口占比在14.84%左右。在工具变量估计以及进一步变换计量方法、更换外来人口指标、变换样本后，这一结论依然成立。此外，外来人口对流入地居民社会信任的影响存在异质性。具体而言，外来人口对相对年轻、文化程度相对较低和体制外就业居民的社会信任水平具有显著的U型影响，而这一影响在相对年长、受教育程度相对较高和体制内就业的居民中没有得到实证证据支持。

本章的结论具有一定的政策含义。由于外来人口和流入地居民社会信任水平呈现U型关系，说明当外来人口达到一定的比值之后，外来人口会提升本地居民的社会信任水平，因此，当前部分地方政府限制外来人口的做法可能既不利于本地居民社会信任水平的提高，也不符合外来人口共享城镇化发展成果的利益，进一步放松对外来人口流入的限制，将有利于促进社会融合，有利于提升我国城镇化的速度和质量。

第七章　人口外流对流出地居民社会信任的影响

前面两章分别探讨了一个地区的人口流动性对该地区居民社会信任的影响，外来人口对流入地居民社会信任的影响，本章则探讨一个地区的人口外流对流出地居民社会信任的影响。由于本书以地级市为分析单元（除了直辖市），这里的人口外流是指户籍在某一地市，但流动到该地市以外地区的人口流动行为。那么一个地区的人口外流会对流出地原有户籍居民的社会信任会产生怎样的影响呢？本章则尝试探讨这一问题。需要说明的是，本章研究的"居民"是指户籍在流出地且没有发生流动的居民①。

本章的结构安排如下：第一节为研究设计，包括数据介绍和样本选择以及变量说明等；第二节为人口外流对流出地居民社会信任的影响的基本回归；第三节为内生性处理和稳健性检验；第四节为进一步讨论，分析了人口外流对社会信任影响的异质性；第五节为本章小结。

第一节　研 究 设 计

一、数据介绍和样本选择

本章使用的数据主要有三个：第一是 2005 年中国综合社会调查（CGSS2005），该调查由中国人民大学社会学系与香港科技大学社会调查中心联合组织实施，已经于 2003 年、2004 年、2005 年、2006 年、2008 年、2010 年、2011 年、2012 年、2013 年和 2015 年展开了 10 次调查。但由于公开的数据中，只有 2005 年的调查数据能够识别到地级市层面，其他年份的数据都只能识别到省级层面，为了使研究对象更具代表性，因此我们采用了 2005 年的调查数据进行分析。第二是各省（市、自治区）统计年鉴数据、《中国城市统计年鉴》、《中国统计年鉴》和《中国检察年鉴》，我们从中获得地级市（或直辖市）的户籍人口数、常住人口数、人均地区生产总值、城镇居民人均可支配收入和农村居民人均纯收入，各省（市、自治区）检察机关批准逮捕人数和常住人口数等数据。第三是 2015 年中国社会状况综合调查（简称 CSS2015），这一数据用于稳健性检验。

由于我们研究的是人口外流对流出地户籍居民社会信任的影响，因此我们在样本处理

---

① 我们以河南省南阳市为例，如果该受访者虽然户籍地属于南阳这一地级市，但是他自身又发生了流动，比如从南阳市的一个县流动到南阳市辖区，则不属于本章研究的样本对象，我们主要想探讨人口外流对那些流出地户籍居民且本身又没有发生流动的居民的影响。

时只保留了人口净流出的地区，同时也只保留了户口在"本居住地"（问卷问题 A6）①的样本，此外，由于与本书研究最直接相关的人口外流比重、社会信任等指标存在部分缺失的样本也不予保留，最后整理得到了覆盖东中西三大经济带有效样本 2128 个②。

从样本分布来看，男性占 47.18%，女性占 52.82%；汉族占 95.91%，少数民族占 4.09%；已婚占 88.95%，未婚等其他婚姻状态占 11.05%；18—30 岁占 15.23%，30—40 岁占 25.05%，40—50 岁占 21.76%，50 岁及以上占 37.97%。分地区来看，东、中、西地区样本分别占 43.89%、25.99% 和 30.12%，具有较好的全国代表性。

二、模型设定和变量选取

（一）模型设定

由于本章的被解释变量社会信任取值是离散且有序的，其赋值是 1—5 的整数，因此我们选择有序 probit（ordered probit）模型进行回归分析。有序 probit 模型假定存在一个能够代替被解释变量 Trust，但又不能被观测到的潜变量 $Trust^*$，其由下式决定：

$$Trust_{ij}^* = \lambda_0 + \lambda_1\, Outflowpop_j + \lambda_2\, Outflowpop_j^2 + \beta X_{ij} + \delta R_j + U_{ij}$$

同时，设 $\alpha_1 < \alpha_2 < \alpha_3 < \alpha_4$ 是未知的割点，并定义：

$$Trust_{ij} = 1，如果 Trust^* \leqslant \alpha_1；$$

$$Trust_{ij} = 2，如果 \alpha_1 < Trust^* \leqslant \alpha_2；$$

$$Trust_{ij} = 3，如果 \alpha_2 < Trust^* \leqslant \alpha_3；$$

$$Trust_{ij} = 4，如果 \alpha_3 < Trust^* \leqslant \alpha_4；$$

$$Trust_{ij} = 5，如果 Trust^* > \alpha_4$$

其中，被解释变量 $Trust_{ij}^*$ 表示 j 地区个体 i 的社会信任水平，$Outflowpop_j$ 表示 j 地区人口外流数占该地区户籍人口数的比重，考虑到人口外流比重和社会信任之间可能存在非线性关系，我们还加入了其平方项 $Outflowpop_j^2$，λ_1 和 λ_2 是对应的回归系数；X_{ij} 表示受访者个体特征变量矩阵，β 是对应的回归系数矩阵；R_j 表示地区特征变量矩阵，δ 是对应的回归系数矩阵；λ_0 和 U_{ij} 分别表示常数项和随机扰动项。

（二）变量定义

1. 被解释变量的测量

本章的被解释变量是受访者的社会信任水平。以往研究对该变量的测量采用的是对陌

---

① 关于户口登记地的调查，CGSS2005 年调查的问题是"您的常住户口所在地是：1. 在本居住地址；2. 非本居住地址，但在本区/县/县级市；3. 非本区/县/县级市，但在本省/自治区/直辖市内；4. 在外省/自治区/直辖市"，我们把回答为"在居住地址"的样本保留，由于回答为"非本居住地址，但在本区/县/县级市"不能确定是本地人还是流动人口，为了严谨，在样本处理时一并删去。

② 各地级市户籍人口数基本都可获得，但地级市常住人口数存在较多的缺失，导致测量的人口外流比重指标缺失较多，因此样本量相对第四、第五章样本数要少一些。

生人的信任或者是对绝大多数人的信任（史宇鹏、李新荣，2016；黄玖立、刘畅，2017），参考现有研究的做法，我们采用 CGSS2005 中关于信任的调查。CGSS2005 年针对该问题把调查对象分为对（近）邻居，（城镇的）远邻/街坊或（乡村）邻居以外的同村居民，同村的同姓人士，同村的非同姓人士，亲戚，同事，交情不深的朋友/相识，老同学，在外地相遇的同乡（以同市或同县为界限），一起参加文娱、健身、进修等业余活动的人士，一起参加宗教活动的人士，一起参加社会活动/公益活动的人士以及陌生人的信任，针对每一类受访者，询问的问题是"在不直接涉及金钱利益的一般社会交往/接触中，您觉得下列人士中可以信任的人多不多呢？1. 绝大多数不可信；2. 多数不可信；3. 可信与不可信者各半；4. 多数可信；5. 绝大多数可信"。由于本章研究的是社会信任问题，因此我们选择了对陌生人的信任来衡量社会信任水平。根据调查数据显示，受访者的社会信任水平的平均值为 1.878，介于"绝大多数不可信"和"多数不可信"之间，接近"多数不可信"，反映了居民较低的社会信任水平。从不同社会信任水平的比例分布来看，回答为"绝大多数不可信"的受访者占 46.24%，回答为"多数不可信"的占 27.634%，回答为"可信与不可信者各半"的占 19.55%，回答为"多数可信"的占 5.22%，回答为"绝大多数可信"的占 1.36%。

2. 核心解释变量的测量

本章核心解释变量是各地级市（或直辖市）的人口外流比重，由于在目前公开的资料中缺乏关于人口外流的数据，我们参考宗晓华（2010）的做法，用各地级市（或直辖市）的净流出人口数占该地级市（或直辖市）户籍人口数之比作为人口外流比重的代理变量，其中净流出人口数是户籍人口数减去常住人口数的差值。需要说明的是，这一测量方法不能完全表示人口外流比重，因为调查地（流出地）还有人口流入的情况，但就现在公开的数据来说是一个既具有可操作性又相对客观合理的做法。

3. 控制变量的选取

本章控制变量的选取和说明和第五章相同，在此不再赘述。

主要变量的描述统计见表 7-1。

表 7-1   **主要变量的描述性统计**

变量名	最小值	最大值	均值	标准差	样本数
社会信任水平	1	5	1.878	0.987	2128
人口外流比重	0.015	0.175	0.063	0.037	2128
男性	0	1	0.471	0.499	2128
年龄	18	93	44.794	14.592	2128
汉族	0	1	0.959	0.198	2128
已婚	0	1	0.889	0.313	2127
受教育年限	0	16	6.777	4.389	2112

续表

变量名	最小值	最大值	均值	标准差	样本数
健康状况	1	6	4.102	1.404	2128
党员	0	1	0.091	0.288	2128
城镇户籍	0	1	0.345	0.475	2125
宗教活动频率	1	5	1.123	0.586	2128
社会经济地位	1	3	1.749	0.557	2086
幸福感	1	5	3.422	0.780	2128
邻里关系	1	5	4.085	0.890	2128
是否和政府有过纠纷	0	1	0.022	0.148	2128
地区人均 GDP 的对数（元）	7.912	9.902	9.215	0.467	2128
地方收入差距	2.115	4.659	2.960	0.704	2128
地方治安状况	4.136	13.353	6.852	2.539	2128
单位耕地面积农业机械总动力（千瓦/公顷）①	2.744	18.916	8.635	4.644	2128

第二节 人口外流对流出地居民社会信任的影响：基本回归

表 7-2 汇报了人口外流对流出地居民社会信任的影响的回归结果。第（1）列只控制了人口外流比重和人口外流比重的平方项，回归结果显示人口外流比重的回归系数在 1% 的显著性水平上为负，其平方项的回归系数在 1% 的显著性水平上为正，说明了人口外流对流出地居民的社会信任水平的影响产生了先抑制后促进的 U 型影响，U 型曲线最低点处人口外流比重在 9.86% 左右。第（2）列是在第（1）列的基础上控制了受访者个体特征变量中的性别、年龄、民族、婚姻、受教育年限和健康变量，回归结果显示，人口外流比重和流出地居民的社会信任水平依然呈现 U 型关系，U 型曲线最低点处人口外流的比例在 9.86% 左右。

表中第（3）列是在第（2）列的基础上进一步控制了其他个体特征变量，回归结果发现，人口外流比重和流出地居民社会信任水平的 U 型关系没有改变，U 型曲线最低点处人口外流比重在 9.84% 左右。个体特征变量上，民族变量在 1% 的显著性水平上通过了检验，说明民族为汉族有助于促进流出地居民的社会信任，这可能是因为相对于少数民族，汉族和周围的人群在文化上具有更高的相似性，他们能够和外界进行更好地交流从而有利于提升他们的社会信任水平。健康变量在 1% 的显著性水平上为正，说明个体的健康

———
① 该变量作为下文内生性处理时的工具变量，计算方法和数据来源同第五章。

状况有助于改善其社会信任水平。此外，受访者的社会经济地位越高，越有利于提高其社会信任水平，这可能正如尤斯拉纳（2006）所指出的，较高社会经济地位的人拥有更多的资源来承担"信任他人"失败的风险和损失；Smith（1997）、Patterson（1999）也得到了相同的结论。邻里关系变量在1%的水平上显著为负，即邻里关系反而不利于社会信任水平的改善。

表中第（4）列是在第（3）列的基础上进一步控制了地区特征变量，回归结果显示，人口外流比重和社会信任依然呈现U型关系，U型曲线最低点处人口外流比重在8.24%左右。也就是说，流出地居民的社会信任水平最开始会随着人口外流比重的增加而降低，当人口外流比重超过拐点后，流出地居民的社会信任水平又随着人口外流比重的增加而提升，这验证了本书在第三章提出的假说3。在地区特征变量上，人均GDP的回归系数在1%的显著性水平上为正，说明地区经济发展水平越高越有利于提高该地区居民的社会信任水平。地区收入差距的回归系数在1%显著性水平上为负，说明了一个地区收入差距会降低该地区居民的社会信任水平，这与Knack和Keefer（1997）得到的结论是一致的。此外，地区治安状况在1%的显著性水平上为负，说明一个地区社会治安状况越差，越不利于该地区居民社会信任水平的提高，这可能是因为社会治安状况差导致人们产生不安全感，而不安全感是降低社会信任水平的强有力因素（Patterson，1999）。

表7-2 **人口外流对流出地居民社会信任的影响：oprobit 回归**

解释变量	被解释变量：社会信任水平			
	（1）	（2）	（3）	（4）
人口外流	−20.556***	−18.969***	−19.650***	−9.185***
	(2.283)	(2.152)	(2.212)	(2.589)
人口外流的平方项	104.269***	96.197***	99.854***	55.732***
	(13.175)	(12.247)	(12.673)	(13.744)
男性		−0.051	−0.045	−0.011
		(0.052)	(0.053)	(0.053)
年龄		0.001	0.003	−0.001
		(0.010)	(0.011)	(0.011)
年龄平方/100		−0.001	−0.002	−0.001
		(0.011)	(0.011)	(0.011)
汉族		0.323**	0.368**	0.258
		(0.136)	(0.148)	(0.157)
已婚		0.153	0.146	0.163*
		(0.094)	(0.097)	(0.097)

续表

解释变量	被解释变量：社会信任水平			
	（1）	（2）	（3）	（4）
受教育年限		−0.009 （0.018）	−0.012 （0.018）	−0.031 （0.018）
受教育年限平方/100		−0.044 （0.122）	−0.003 （0.128）	0.072 （0.130）
健康状况		0.086*** （0.019）	0.081*** （0.020）	0.074*** （0.020）
党员			−0.059 （0.094）	−0.030 （0.095）
城镇户籍			−0.116* （0.065）	−0.111* （0.066）
宗教活动频率			0.036 （0.044）	0.016 （0.045）
社会经济地位			0.166*** （0.047）	0.187*** （0.048）
幸福感			−0.023 （0.035）	−0.049 （0.036）
邻里关系			−0.088*** （0.029）	−0.099*** （0.030）
是否和政府有过纠纷			−0.084 （0.140）	−0.031 （0.148）
地区人均GDP				0.322*** （0.091）
地区收入差距				−0.241*** （0.052）
地区治安状况				−0.046*** （0.011）
Pseudo R^2	0.0167	0.0234	0.0289	0.0461
样本数	2128	2111	2067	2070

注：（1）为了克服异方差问题，括号内为稳健标准误；（2）*、**、***分别表示在10%、5%和1%的水平上显著。下表同。

第三节 内生性处理与稳健性检验

一、内生性处理

上述的回归结果可能有偏误。这是因为，一方面，回归中可能遗漏了一些既影响人口外流比重又影响流出地居民社会信任水平的变量，从而可能导致内生性问题。尽管我们在回归中已经控制了个体特征变量和地区特征变量，以克服遗漏变量带来的估计偏误，但是仍然不能解决内生性问题。另一方面，社会信任对人口流动也会产生影响（高虹、陆铭，2010），这就意味着人口外流比重和流出地居民的社会信任水平可能存在双向因果的关系，从而导致内生性问题。因此，有必要寻找合适的工具变量来克服这一问题。我们寻找了单位耕地面积农业机械总动力及其平方项作为人口外流比重及其平方项的工具变量，采用工具变量法估计人口外流对流出地居民社会信任的影响。我们认为单位耕地面积农业机械总动力的大小会直接影响农业劳动生产率，进而直接影响农村劳动力是否外出务工的决定，从而对该地区的人口外流比重产生影响，因此工具变量和人口外流比重存在一定的相关性；同时该变量不会对居民的社会信任水平产生直接影响，这较好地保证了工具变量的外生性。因此，从理论上来说，这一工具变量的选择是合理的。为了进一步检验工具变量的有效性，我们进行了工具变量有效性检验。工具变量显著性的 F 检验显示，虽然人口外流比重及其平方项的 Shea's Partial R^2 分别为 0.0608 和 0.0496，都比较小，但是它们的 F 统计量分别为 244.726 和 208.474，都超过了 10，且 P 值均为 0.000。而且，第一阶段回归结果显示，工具变量对人口外流及其平方项都具有显著影响，即具备较好的解释力，因此不存在弱工具变量问题，说明选取的工具变量是合理的。

表 7-3 第（1）列的 2SLS 回归结果表明，人口外流比重和流出地居民的社会信任依然存在 U 型关系，且 U 型曲线最低点处人口外流比重在 7.66% [1] 左右。为了进一步验证估计结果的稳健性，我们使用不同的估计方法进行估计。首先使用对弱工具变量更不敏感的有限信息最大似然法（LIML），同时还使用了存在异方差 [2] 的情况下比 2SLS 更有效率的 GMM 估计，估计结果都未改变本书的基本结论。

表 7-3 人口流动对居民社会信任的影响：IV 估计

解释变量	被解释变量：社会信任		
	（1）2SLS	（2）GMM	（3）LIML
人口外流	−55.320*** （11.031）	−55.320*** （11.031）	−55.320*** （11.031）

---

① 由于存在人口流入情况，因此实际人口外流比重应该大于这一比例。

② 我们进行了异方差检验，BP 检验和怀特检验都显示 P 值为 0.000，表明存在异方差性。

解释变量	被解释变量：社会信任		
	（1）2SLS	（2）GMM	（3）LIML
人口外流的平方项	361.319***	361.319***	361.319***
	(66.906)	(66.906)	(66.906)
男性	0.015	0.015	0.015
	(0.053)	(0.053)	(0.053)
年龄	−0.002	−0.002	−0.002
	(0.011)	(0.011)	(0.011)
年龄平方/100	0.002	0.002	0.002
	(0.011)	(0.011)	(0.011)
汉族	0.208	0.208	0.208
	(0.128)	(0.128)	(0.128)
已婚	0.093	0.093	0.093
	(0.089)	(0.089)	(0.089)
受教育年限	−0.014	−0.014	−0.014
	(0.017)	(0.017)	(0.017)
受教育年限平方/100	−0.053	−0.053	−0.053
	(0.123)	(0.123)	(0.123)
健康状况	0.061***	0.061***	0.061***
	(0.020)	(0.020)	(0.020)
党员	−0.125	−0.125	−0.125
	(0.093)	(0.093)	(0.093)
城镇户籍	−0.002	−0.002	−0.002
	(0.067)	(0.067)	(0.067)
宗教活动频率	0.070	0.070	0.070
	(0.046)	(0.046)	(0.046)
社会经济地位	0.171***	0.171***	0.171***
	(0.046)	(0.046)	(0.046)
幸福感	−0.110***	−0.110***	−0.110***
	(0.035)	(0.035)	(0.035)

续表

解释变量	被解释变量：社会信任		
	（1）2SLS	（2）GMM	（3）LIML
邻里关系	−0.127***	−0.127***	−0.127***
	（0.030）	（0.030）	（0.030）
是否和政府有过纠纷	−0.126	−0.126	−0.126
	（0.137）	（0.137）	（0.137）
地区人均 GDP	0.265*	0.265*	0.265*
	（0.152）	（0.152）	（0.152）
地区收入差距	0.027	0.027	0.027
	（0.064）	（0.064）	（0.064）
地区治安状况	−0.055***	−0.055***	−0.055***
	（0.016）	（0.016）	（0.016）
常数项	1.487	1.487	1.487
	（1.715）	（1.715）	（1.715）
样本数	2067	2067	2067

二、稳健性检验

（一）变换计量方法

为了进一步检验上述回归结果的稳健性，我们使用了 OLS 和 Ologit 估计方法，估计结果见表 7-4。前三列汇报的是 OLS 估计的结果。第（1）列只控制了人口外流比重及其平方项，我们发现人口外流比重和流出地居民的社会信任水平呈现 U 型关系，U 型曲线最低点处人口外流比重在 9.96% 左右。第（2）列在第（1）列的基础上控制了受访者的个体特征变量，回归结果发现，人口外流和流出地居民社会信任的 U 型关系依然不变，曲线最低点处人口外流比重在 9.97% 左右。第（3）列是在第（2）列的基础上进一步控制了地区特征变量，回归结果显示，人口外流和流出地居民社会信任水平的 U 型关系依然不变，曲线最低点处人口外流比重在 8.69% 左右。

表 7-4 中的后三列汇报的是 Ologit 的回归结果，各个回归结果都表明，人口外流和流出地居民社会信任水平始终表现为 U 型关系，且 U 型曲线最低点处人口外流比重依次大约为 9.66%、9.64% 和 7.87%。从该表可以看到，回归结果和基本回归中的结论一致，证明了上述结果的稳健性。

表 7-4　　　　　　　　　　稳健性检验之一：变换计量方法

解释变量	被解释变量：社会信任水平					
	OLS（1）	OLS（2）	OLS（3）	Ologit（1）	Ologit（2）	Ologit（3）
人口外流	−17.780***	−16.785***	−8.180***	−35.365***	−34.027***	−16.015***
	(1.874)	(1.933)	(2.153)	(3.555)	(3.715)	(4.468)
人口外流平方项	89.276***	84.182***	47.062***	183.053***	176.548***	101.795***
	(10.825)	(11.265)	(11.793)	(20.364)	(21.461)	(23.692)
个体特征变量	未控制	控制	控制	未控制	控制	控制
地区特征变量	未控制	未控制	控制	未控制	未控制	控制
常数项	2.524***	1.997***	0.414			
	(0.070)	(0.284)	(0.801)			
R^2或 Pseudo R^2	0.0399	0.0673	0.1038	0.0175	0.0304	0.0493
样本数	2128	2067	2067	2128	2067	2067

注：控制变量同表 7-2 中第（4）列。

（二）更换人口外流的测算指标

接着，我们更换人口外流的测算指标进一步检验上述回归结果的稳健性。其一是用《中华人民共和国分县市人口统计资料（2005 年）》中各个省份的人口迁出率[①]替换上文中的人口外流比重；其二是用各个地级市（或直辖市）户籍人口和常住人口之比来替换上文的人口外流比重，在样本处理时我们保留了人口净流出的地级市，即保留了户籍人口和常住人口之比大于 1 的地级市，该比值越大，可在一定程度上反映人口外流程度越高[②]。

表 7-5 汇报了这两个指标的稳健性检验结果。表中 A 部分汇报的是用人口迁出率回归的结果，我们先后引入了个体特征变量和地区特征变量，回归结果显示，人口迁出率及其平方项的回归系数都在 1% 的显著性水平上显著，人口迁出率和流出地居民的社会信任呈现 U 型关系，U 型曲线最低点处人口迁出率依次大约在 23‰、23‰ 和 20.25‰。表中 B 部分汇报的用户籍人口和常住人口之比估计的结果，我们先后引入了个体特征变量和地区特

---

① 由于《中华人民共和国分县市人口统计资料（2005 年）》中，公布的只有省级层面上的人口迁出率，没有各个地级市的人口迁出率，因此本书用省级层面的人口迁出率代替相应该省各地级市的人口迁出率。选择这个指标也存在缺陷，因为它包括了迁往省内和迁往省外。

② 当然，这一替代指标存在缺陷，因为还存在人口流入的情况。可能出现两个地区，某个地区净流出人口比重相对较小反而人口外流比重相对较大，但这种情况存在的前提是该地区人口流出比重和人口流入比重都较大，但是这一情况不符合经济现实的主流情况，现实大多情况是，一般一个地区人口外流比重高，人口流入比重就相对较小（邱子邑等，2004）。

征变量，回归结果显示，该比值和流出地居民的社会信任水平始终呈现为 U 型关系，U 型曲线最低点处户籍人口和常住人口之比分别大约为 1.116、1.116、1.107。可以发现，更换指标后人口外流和流出地居民社会信任水平之间的 U 型关系没有改变。①

表 7-5　　　　　　　稳健性检验之二：变换人口外流的测算指标（oprobit）

解释变量	被解释变量：社会信任水平					
	A：人口迁出率			B：户籍人口和常住人口之比		
	（1）	（2）	（3）	（4）	（5）	（6）
人口外流	−0.138***	−0.138***	−0.243***	−152.896***	−146.572***	−93.979***
	（0.029）	（0.031）	（0.053）	（17.247）	（18.046）	（18.951）
人口外流平方项	0.003***	0.003***	0.006***	68.497***	65.679***	42.455***
	（0.001）	（0.001）	（0.001）	（7.832）	（8.203）	（8.619）
个体特征变量	未控制	控制	控制	未控制	控制	控制
地区特征变量	未控制	未控制	控制	未控制	未控制	控制
Pseudo R^2	0.0037	0.0179	0.0480	0.0161	0.0285	0.0460
样本数	2128	2067	2070	2128	2067	2067

注：控制变量同表 7-2 中第（4）列。

（三）变换样本数据

接下来，我们使用 2015 年中国社会状况综合调查（CSS2015）和 2015 年相匹配的人口外流数据研究人口外流对流出地居民社会信任的影响。中国社会状况综合调查是由中国社会科学院社会学研究所于 2005 年发起的一项全国范围内的大型连续性抽样调查项目，该调查是双年度的纵贯调查，采用概率抽样的入户访问方式。2015 年中国社会状况综合调查覆盖到全国 30 个省（市、自治区），115 个地市，共获得了样本 10243 个。

根据研究需要，在样本筛选时采用如下标准：第一，由于研究的是人口外流对流出地居民社会信任的影响，因此剔除了受访者的户口登记地不在"此乡、镇、街道"的样本，只保留了户口登记地在此乡、镇、街道②的样本；第二，只保留了人口净流出地区的样本；第三，与本研究直接相关的重要变量如人口净流出比重、社会信任等变量存在缺失的样本将不予保留。整理得到有效样本 3021 个。

---

① 我们还把指标更换为户籍人口与常住人口之差，引入其对数及其平方项，发现基本结论不变。

② 关于受访者户口登记地的调查，CSS2015 问卷中设计的问题是"您目前的户口登记地是：1. 此乡（镇、街道）；2. 此县（县级市、区）其他乡（镇、街道）；3. 此省其他县（县级市、区）；4. 外省；5. 户口待定"。

关于社会信任的测量，2015 年中国社会状况综合调查中的问题（F1a11）是"请问，您信任陌生人吗？1. 完全不信任；2. 不太信任；3. 比较信任；4. 非常信任；8. 不好说"。由于不能很好地判断回答为"8. 不好说"的受访者社会信任水平，因此在样本处理时把回答这一选项的样本剔除。根据调查数据显示，社会信任水平均值为 1.461，处于"完全不信任"和"不太信任"之间。从不同社会信任水平的样本分布来看，回答为"完全不信任"的占 60.39%，回答为"不太信任"的占 33.49%，回答为"比较信任"的占 5.72%，回答为"非常信任"的占 0.41%。

关于人口外流的测量，我们依然采用的是调查所在地级市（或直辖市）的人口净流出人数与该地户籍人口数之比，其中人口净流出人数是户籍人口与常住人口之差，数据来自 2016 年各个省（市、自治区）的统计年鉴。根据调查数据显示，人口净流出比重的均值为 12.69%，最小值为 1.00%，最大值为 33.94%。控制变量上，本书依然控制了受访者的个体特征变量和地区特征变量，结合问卷调查问题，对部分控制变量进行了调整，控制变量中"政府信任"变量，由于 CSS2015 中没有关于"是否和政府发生过纠纷"的问题，因此我们采用问卷中的如下问题进行测量，问题（F1a7）是"请问，您信任党政机关干部吗？1. 完全不信任；2. 不太信任；3. 比较信任；4. 非常信任；8. 不好说"，删除了回答为"8. 不好说"的样本，变量按照回答值取值。宗教信仰变量，由于 CSS2015 中只有反映受访者是否有宗教信仰的变量，因此引入回归的是一个 0—1 虚拟变量。由于 2015 年城镇居民人均可支配收入和农民人均纯收入数据缺失，我们用相邻年份的数据加以替代。地区治安状况用 2015 年"每万常住人口中检察机关批准逮捕人数"反映，根据 2016 年各个省（市、自治区）人民检察院工作报告和《中国统计年鉴》相关数据计算得到。回归结果见表 7-6。

从表中可以看到，第（1）列仅控制了人口净流出比重及其平方项，人口净流出比重和流出地居民社会信任呈现 U 型关系，U 型曲线的拐点处人口净流出比重大约为 10.42%。第（2）列是在第（1）列的基础上控制了受访者个体特征变量中的性别、年龄、民族、婚姻和受教育年限，第（3）列进一步控制了其他个体特征变量，回归都显示人口净流出比重和流出地居民的社会信任水平依然呈 U 型关系，U 型曲线拐点处人口净流出比重分别约为 10.15% 和 10.99%。第（4）列继续控制了地区特征变量，人口净流出比重和流出地居民社会信任之间的 U 型关系依然不变，U 型曲线拐点处人口净流出比重大约为 12.41%。可以发现，上述结论和基本回归中的结论基本一致，进一步说明已有回归结果是稳健的。

表 7-6　　　　　稳健性检验之三：变换样本数据（oprobit 回归）

解释变量	被解释变量：社会信任水平			
	（1）	（2）	（3）	（4）
人口外流	−1.962** （0.910）	−1.967** （0.947）	−2.330** （0.995）	−3.158*** （1.120）

解释变量	被解释变量：社会信任水平			
	（1）	（2）	（3）	（4）
人口外流的平方项	9.412***	9.688***	10.596***	12.723***
	（2.731）	（2.816）	（2.970）	（3.154）
男性		0.263***	0.260***	0.265***
		（0.046）	（0.049）	（0.049）
年龄		−0.011	−0.004	−0.004
		（0.011）	（0.012）	（0.012）
年龄平方/100		0.012	0.004	0.004
		（0.012）	（0.013）	（0.013）
汉族		−0.160*	−0.173**	−0.092
		（0.083）	（0.088）	（0.097）
已婚		0.014	0.016	0.022
		（0.070）	（0.076）	（0.076）
受教育年限		−0.059***	−0.053***	−0.056***
		（0.015）	（0.016）	（0.016）
受教育年限平方/100		0.510***	0.454***	0.464***
		（0.092）	（0.105）	（0.106）
党员			0.085	0.082
			（0.091）	（0.091）
城镇户籍			0.024	0.037
			（0.063）	（0.064）
宗教信仰			−0.085	−0.075
			（0.075）	（0.075）
社会经济地位			0.034	0.037
			（0.028）	（0.028）
幸福感			0.002	0.005
			（0.024）	（0.024）
村居委会选举投票			−0.080	−0.073
			（0.050）	（0.051）

续表

解释变量	被解释变量：社会信任水平			
	（1）	（2）	（3）	（4）
政府信任			0.183*** （0.031）	0.183*** （0.031）
地区人均GDP				−0.077 （0.086）
地区收入差距				−0.050 （0.057）
地区治安状况				0.049** （0.023）
Pseudo R^2	0.0047	0.0210	0.0295	0.0307
样本数	2956	2944	2678	2678

第四节　进一步讨论：人口外流影响流出地居民社会信任的异质性

　　由于流出地居民个体之间存在差异，那么人口外流对他们社会信任影响是否存在差异呢？接下来我们按照受访者的年龄、受教育程度、和亲朋联系密切程度以及城乡进行分组。年龄以45岁为分界点，用18—45岁表示相对年轻组，用45岁及以上表示相对年长组；受教育程度以初中为分界点，初中及以下表示受教育水平较低组，高中及以上表示受教育程度较高组；和亲朋联系密切程度，利用问卷中的问题（E5）"您和亲戚朋友之间接触和联系的密切程度是怎样的？1. 非常不密切；2. 不密切；3. 一般；4. 密切；5. 非常密切"，我们把回答为前两个选项的归为联系密切程度相对较低组，回答为后三个选项的归为联系密切程度相对较高组。回归结果见表7-7。

　　表中前两列汇报的是按照年龄分组的回归结果。回归结果显示，无论是相对年轻组还是相对年长组，人口外流都会对他们社会信任水平产生U型影响，且U型曲线拐点处人口外流比重分别约为8.05%和8.61%，可以看到相对年长的人群这一拐点更大。这可能是因为相对年长的人群适应能力相对较弱，而相对年轻的群体适应能力较强，后者能够在人口外流过程中相对更快地重新建立起社会信任的基础进而提升自己的社会信任水平。

　　第（3）列和第（4）列汇报的是按照受教育程度分组的回归结果。回归结果表明，人口外流会对文化程度相对较低人群的社会信任产生U型影响，但是对文化程度相对较高的人群则不具有统计显著的影响。一种合理的解释是文化程度相对较低的人，他们的认知能力相对较弱，经济能力也可能更弱，那么人口外流可能会对他们已有的社会信任基础产生负面冲击，他们的社会信任在人口外流后的新环境中受到影响。而文化程度较高的人群，由于具有较高的识别判断能力，因此人口外流对他们没有产生显著的影响。

第（5）列和第（6）列汇报的是按照联系密切程度分组的结果。从表中可以看到，在密切程度相对较低组中，人口外流对他们的社会信任不具有统计显著性，而在密切程度相对较高组，人口外流和流出地居民社会信任水平呈现 U 型关系。一种合理的解释是那些和亲朋联系程度较低的人群，因为联系较少，人口外流也不会对其社会信任产生显著的影响。而对那些联系密切程度较高的群体，其社会信任水平起初会随着人口外流而下降，然后在联系中社会信任的基础也得到稳固，因此转向开始回升。

表中最后两列是按照城乡分组的回归结果。回归结果表明，一个地区的人口外流对该地区农村居民的社会信任产生 U 型影响，而对该地区城镇居民则不具有统计显著的影响。这可能是因为农村地区是一个"熟人"社会，人口的外流会对他们产生显著影响，而城市是一个"陌生人"社会，人口外流对流出地居民没有显著的 U 型影响。

表 7-7　　　　　　　　　　　　　　**分样本回归：异质性分析**

解释变量	被解释变量：社会信任水平							
	年龄		受教育程度		亲朋联系密切程度		城乡	
	（1）18—45 岁	（2）45 岁及以上	（3）初中及以下	（4）高中及以上	（5）相对较低	（6）相对较高	（7）城镇	（8）农村
人口外流	−11.053*** (3.766)	−8.211** (4.015)	−9.596*** (3.084)	−7.690 (6.314)	−17.638 (15.210)	−9.068*** (2.818)	13.109** (5.874)	−14.400*** (3.298)
人口外流的平方项	68.681*** (20.738)	47.682** (21.053)	59.190*** (16.966)	42.143 (31.045)	92.901 (71.345)	56.110*** (15.308)	−34.063 (29.032)	83.007*** (17.828)
个体特征变量	控制	控制	控制	控制	控制	控制	控制	控制
地区特征变量	控制	控制	控制	控制	控制	控制	控制	控制
Pseudo R^2	0.0695	0.0309	0.0496	0.0545	0.1609	0.0504	0.0558	0.0542
样本数	1112	955	1639	428	109	1958	711	1356

第五节　本章小结

本章利用 2005 年中国综合社会调查数据（CGSS2005），将其和 2006 年各省（市、自治区）统计年鉴、《中国城市统计年鉴》数据相匹配，实证研究了人口外流对流出地居民社会信任的影响。研究发现，人口外流会对流出地居民的社会信任水平产生先抑制后促进的 U 型影响，U 型曲线拐点处人口外流的比重在 7.66% 左右。在考虑内生性以及更换人口外流指标、变换样本数据后两者之间的 U 型关系依然不变。

我们还进一步考察了人口外流对流出地居民社会信任影响的异质性。分析发现，相对年长的居民，U 型曲线的拐点更大，说明他们社会信任水平的变化比人口外流的调整速度更慢。此外，一个地区的人口外流对受教育程度较低、与亲朋联系密切程度较高以及农村居民产生了 U 型的影响，而这一 U 型影响在受教育程度较高、与亲朋联系密切程度低以及城镇居民中没有得到证据支持。

本章的研究表明，在人口外流比重还不高的阶段（即人口净外流比重低于 7.66%），人口外流会降低流出地居民的社会信任水平，而我国很多地区的人口外流仍还处于这一阶段，因此要高度重视人口外流过程中流出地居民尤其是农村地区居民社会信任的变化，这对维护整个社会的秩序稳定具有重要现实意义。

第八章 人口流动对流动者自身社会信任的影响

第五至七章分别分析了一个地区的人口流动性对居民社会信任的影响、外来人口对流入地居民社会信任的影响、人口外流对流出地居民社会信任的影响，那么一个个体的流动状态又会对其自身的社会信任产生怎样的呢？具体来说，个体是否发生流动会怎样影响其社会信任水平？如果发生流动，流动范围的不同（比如是县内跨乡还是跨县流动）对其社会信任的影响是否存在差异？流动到哪里（比如是流动到农村还是流动到城市）是否也存在不同的影响？本章即从三个维度：是否流动、流动范围、流动地点来分析个体流动，尝试探讨三个维度下的个体流动对流动者自身社会信任的影响。

本章的结构安排如下：第一节为研究设计，包括本章使用数据的介绍、样本选择和变量选取；第二节为基本回归估计，分析了人口流动对流动者自身社会信任的影响；第三节为稳健性检验；第四节分析了人口流动影响流动者自身社会信任的异质性；第五节为本章小结。

第一节 研 究 设 计

一、数据介绍与样本处理

本章使用的数据来源主要有两个：其一是来自 2015 年的中国综合社会调查数据（Chinese General Social Survey，CGSS），该调查由中国人民大学社会学系与香港科技大学社会调查中心联合组织实施，已经于 2003 年、2004 年、2005 年、2006 年、2008 年、2010 年、2011 年、2012 年、2013 年和 2015 年展开了 10 次调查。本章没有采用前几章使用的 CGSS2005 数据，主要是因为 CGSS2005 年关于受访者户口登记地的调查，不能识别有些受访者是否发生了流动①，而如果删去这些无法识别是否流动的样本可能会造成样本选择偏差，因此，我们使用了截至目前公开的最新的 2015 年调查数据。其二是各省（市、自治区）的统计年鉴、《中国检察年鉴》，从中获得各省（市、自治区）② 人均 GDP、城

---

① 前文对此已说明，在此不再赘述。
② 由于 CGSS2015 数据关于地区变量只公布到省级层面，没有进一步公布到地级市层面，因此本章的地区特征变量是省级层面上的变量。

镇居民人均可支配收入、农村居民人均可支配收入①、检察机关批准逮捕人数等指标。

CGSS2015 年项目调查覆盖全国 28 个省/市/自治区的 478 村（居），共完成有效问卷 10968 份。在样本处理时，剔除了与本章研究直接相关的核心变量（比如个体的流动状态、社会信任等）缺失的受访样本，最后共得到有效样本 10710 个。从样本人口学分布特征来看，男性占 46.78%，女性占 53.22%；已婚占 77.80%，未婚等其他婚姻状态占 22.20%；18—30 岁占 15.62%，30—50 岁占 35.10%，50 岁及以上占 49.28%；小学及以下占 37.21%，初中占 28.51%；高中或中专占 18.13%，大专及以上占 16.15%。从样本地区分布来看，东部地区占 39.81%，中部地区占 36.15%，西部地区占 24.04%。

从流动状态来看，未流动的占 73.58%，流动的占 26.42%；县内跨乡流动和跨县流动分别占有效样本的 16.51% 和 9.91%；流动到农村和流动到城市分别占有效样本的 3.60% 和 22.82%。

二、模型设定与变量设置

（一）模型设定

由于本章的被解释变量社会信任取值是离散且有序的，其赋值是 1—5 的整数，因此我们选择有序 probit（ordered probit）模型进行回归分析。有序 probit 模型假定存在一个能够代替被解释变量 Trust，但又不能被观测到的潜变量 $Trust^*$，其由下式决定：

$$Trust_{ij}^* = \lambda_0 + \lambda\ Mig_i + \beta X_{ij} + \delta R_j + U_{ij}$$

同时，设 $\alpha_1 < \alpha_2 < \alpha_3 < \alpha_4$ 是未知的割点，并定义：

$$Trust_{ij} = 1，\quad 如果\ Trust^* \leqslant \alpha_1；$$
$$Trust_{ij} = 2，\quad 如果\ \alpha_1 < Trust^* \leqslant \alpha_2；$$
$$Trust_{ij} = 3，\quad 如果\ \alpha_2 < Trust^* \leqslant \alpha_3；$$
$$Trust_{ij} = 4，\quad 如果\ \alpha_3 < Trust^* \leqslant \alpha_4；$$
$$Trust_{ij} = 5，\quad 如果\ Trust^* > \alpha_4$$

其中，被解释变量 $Trust_{ij}^*$ 表示 j 地区个体 i 的社会信任水平，Mig_i 表示个体 i 的人口流动状况。本章从三个维度考察个体的流动状况，具体是：是否流动、流动范围（县内跨乡还是跨县流动）和流动地点（流动到农村还是流动到城市），λ 是对应的回归系数矩阵；X_{ij} 表示受访者个体特征变量矩阵，β 是对应的回归系数矩阵；R_j 表示地区特征变量矩阵，δ 是对应的回归系数矩阵；λ_0 和 U_{ij} 分别表示常数项和随机扰动项。

（二）解释变量

1. 被解释变量

本章的被解释变量是受访者的社会信任水平。以往研究对该变量的测量采用的是对陌

---

① 2016 年公布了省级层面上的农村居民人均可支配收入指标，而省级层面上的农村居民人均纯收入只有少量的几个省份公布，因此我们采用农村居民人均可支配收入替换第四至第六章在分析地级市层面时使用的农村居民人均纯收入指标。

生人的信任或者是对绝大多数人的信任（史宇鹏、李新荣，2016；黄玖立、刘畅，2017），参考现有研究的做法，我们采用 CGSS2015 年问卷中关于信任的调查。CGSS2015 年针对该问题把调查对象分为对（近）邻居，（城镇的）远邻/街坊或（乡村）邻居以外的同村居民，同村的同姓人士，同村的非同姓人士，亲戚，同事，交情不深的朋友/相识，老同学，在外地相遇的同乡（以同市或同县为界限），一起参加文娱、健身、进修等业余活动的人士，一起参加宗教活动的人士，一起参加社会活动/公益活动的人士以及陌生人的信任，针对每一类受访者，询问的问题是"在不直接涉及金钱利益的一般社会交往/接触中，您觉得下列人士中可以信任的人多不多呢？1. 绝大多数不可信；2. 多数不可信；3. 可信与不可信者各半；4. 多数可信；5. 绝大多数可信"。由于本书研究的是社会信任问题，因此我们选择了对陌生人的信任来衡量社会信任水平，现有文献也普遍采用这一测量方法。

根据调查数据显示，受访者的社会信任水平的平均值为 1.950，介于"绝大多数不可信"和"多数不可信"之间，接近"多数不可信"，反映了居民较低的社会信任水平。从不同社会信任水平的比例分布来看，回答为"绝大多数不可信"的受访者占 41.20%，回答为"多数不可信"的占 31.06%，回答为"可信与不可信者各半"的占 20.65%，回答为"多数可信"的占 5.72%，回答为"绝大多数可信"的占 1.37%。

2. 核心解释变量

本章的核心解释变量是关于个体流动状况的变量，采用问卷中的问题（A21）是"您目前的户口登记地是：1. 本乡（镇、街道）；2. 本县（市、区）其他乡（镇、街道）；3. 本区/县/县级市以外；4. 户口待定"。如果受访者回答为"1. 本乡（镇、街道）"，则认为没有发生流动，如果回答为"2. 本县（市、区）其他乡（镇、街道），3. 本区/县/县级市以外"则认为发生了流动，且前者为"县内跨乡"流动①，后者为"跨县流动"②。如果受访者回答为"4. 户口待定"，由于无法识别这一情况下是否发生了流动，因此我们剔除回答为这一选项的样本。

关于受访个体的流动状况的变量 Mig，本章设置为以下三类：第一，按照受访者是否发生了流动，把该变量处理为"是否流动"的虚拟变量，考察受访者是否流动对其自身社会信任的影响。变量赋值上，如果发生了流动则设置为 1，如果没有流动设置为 0。第二，按照受访者的流动范围，把该变量处理为"未流动""县内跨乡"和"跨县流动"三种类型。分别设置它们的虚拟变量，在引入回归时以"未流动"为参照组。第三，按照受访者流动地点，把变量处理为"未流动""流动到农村""流动到城市"三种类型。这一变量的设置同时还结合了调查地在农村还是城镇的变量，如果受访者发生了流动并且调查时是在农村接受调查的，我们则认为该受访者流动到农村。如果受访者发生了流动并且调查时是在城镇接受调查的，我们则认为该受访者流动到城市。分别设置它们的虚拟变

---

① 当然这样的识别也存在不足，按照国家统计局对流人口动的界定，市辖区内人户分离的人口不算为流动人口。

② 限于调查问卷数据，本书未能把流动范围进一步区分为跨省流动和省内跨市等流动类型。

量，在引入回归时以"未流动"为参照组。

3. 控制变量

本章的控制变量主要包括两类：一类是个体特征变量 X_{ij}，一类是地区特征变量 R_j。

关于个体特征变量，参考现有的研究（李涛等，2008；杨明、孟天广、方然，2011；史宇鹏、李新荣，2016；黄玖立、刘畅，2017），我们引入了以下变量：性别变量，男性赋值为 1，女性赋值为 0；年龄变量，是受访者在接受访问时的周岁年龄，同时考虑到年龄与社会信任可能存在非线性关系，我们还控制了年龄的平方项①。民族变量，汉族赋值为 1，少数民族赋值为 0；婚姻变量，已婚赋值为 1，其他赋值为 0②；受教育年限，按照受访者的回答和我国现行学制，将没有受过正式教育的赋值为 0，小学赋值为 6，初中赋值为 9，高中赋值为 12，职高或中专也赋值为 12，大专赋值为 15，本科赋值为 16，研究生及以上赋值为 19，同时还引入了受教育年限的平方项以考察其与社会信任水平可能存在的非线性关系；户口变量，城镇户籍赋值为 1，非城镇户籍赋值为 0③；健康变量，按照受访者的回答，把回答为"很不健康"赋值为 1，"比较不健康"赋值为 2，"一般"赋值为 3，"比较健康"赋值为 4，"很健康"赋值为 5；党员变量，中共党员赋值为 1，否则为 0；参加宗教信仰活动频率④，根据受访者的回答，把回答为"从来没有参加过"赋值为 1，"一年不到 1 次"赋值为 2，"一年大概 1 到 2 次"赋值为 3，"一年几次"赋值为 4，"大概一月 1 次"赋值为 5，"一月 2 到 3 次"赋值为 6，"差不多每周都有"赋值为 7，"每周都有"赋值为 8，"一周几次"赋值为 9。此外，有研究表明社会经济地位较高的人，可能是因为拥有更多的资源来承担"信任他人"失败的风险和损失（尤斯拉纳，2006），通常拥有较高的信任水平（Smith，1997；Patterson，1999），因此我们还控制了个体的社会经济地位变量，根据受访者的回答，把回答为"较低"的赋值为 1，"差不多"赋值为 2，"较高"赋值为 3。个体的幸福感也会对其认知和行为产生影响（Pessoa，2008；Mohiyeddini 等，2009），因此我们还控制个体的幸福感。根据受访者的回答，把回答为"非常不幸福"赋值为 1，"比较不幸福"赋值为 2，"说不上幸福不幸福"赋值为 3，"比较幸福"赋值为 4，"非常幸福"赋值为 5。

已有的研究表明邻里关系会对居民的社会信任水平具有显著的经济作用（Delhey 和 Newton，2003），因此我们也控制了这一变量。该变量采用问卷中的问题："您和邻居，街坊/同村其他居民互相之间的熟悉程度是怎样的？"把回答为"非常不熟悉"的赋值为 1，"不太熟悉"的赋值为 2，"一般"赋值为 3，"比较熟悉"赋值为 4，"非常熟悉"赋

---

① 受访者回答社会信任的问题需要一定的认知判断能力，因此受访者都是成年人即在 18 周岁及以上，而调查的样本也都是在这一年龄之上。

② 本书把回答为"已婚、离婚后再婚、丧偶后再婚"归入已婚，"未婚、离婚未再婚、丧偶未再婚"归入其他。

③ 在 CGSS2015 年的调查中，户口登记状况除了农业户口和非农业户口外，还有蓝印户口和居民户口，本书把农业户口和蓝印户口归为非城镇户籍，非农业户口和居民户口归为城镇户籍。

④ 我们控制的是受访者参加宗教活动频率而不是是否有宗教信仰，是因为前者更能反映出受访者的宗教信仰程度，信息量更大。

值为 5。参考史宇鹏、李新荣（2016）的研究，是否在村（居）委会选举中投票也会对社会信任产生影响，因此我们也控制了这一变量，把回答为"是"赋值为 1，把回答为"否或没有投票资格"赋值为 0。由于问卷中没有关于"政府信任"相关的调查问题，因此我们没能再控制这一变量。

关于地区特征变量，参考已有的研究，我们控制了地区经济发展水平、地区收入差距和地区治安状况。地区经济发展水平会对居民的社会信任程度产生影响（张维迎、柯荣住，2002；Bjørnskov，2006），我们用地区人均 GDP 来表示，以对数的形式引入回归中，数据来源于各省（市、自治区）统计年鉴。以往的研究还发现，收入差距会显著地降低城乡居民的社会信任水平（Alesina 和 Ferrara，2002；申广军、张川川，2016），因此我们也控制了这一变量。考虑到收入差距在中国收入差距结构中占有主导地位，我们以城乡收入差距来度量收入差距变量，城乡收入差距的度量方法是城镇居民人均可支配收入与农村居民人均可支配收入之比，城镇居民人均可支配收入与农村居民人均可支配收入数据来源于各省（市、自治区）统计年鉴。地区治安水平的下降对社会信任带来一定程度的负面影响（潘静、张学志，2015），因此我们进一步控制了地区治安状况，用"每万常住人口中检察机关批准逮捕的人数"来反映。由于检察机关批准逮捕的人数只有省（市、自治区）级层面上的数据，没有地级市层面的数据，因此我们用省（市、自治区）级层面的数据作为各个地级市的替代变量。检察机关批准逮捕的人数来源于 2016 年各省（市、自治区）人民检察院工作报告，个别缺失数据根据《中国检察年鉴》中关于"地方、军事检察工作"的资料进行补充。各个省（市、自治区）的常住人口数来自《中国统计年鉴》。主要变量的描述统计见表 8-1。

表 8-1　　　　　　　　　　　　　主要变量的描述性统计

变量名	最小值	最大值	均值	标准差	样本数
社会信任水平	1	5	1.950	0.984	10710
是否流动	0	1	0.264	0.440	10710
县内跨乡	0	1	0.165	0.371	10710
跨县流动	0	1	0.099	0.298	10710
流动到农村	0	1	0.036	0.186	10710
流动到城市	0	1	0.228	0.419	10710
男性	0	1	0.467	0.498	10710
年龄	18	95	50.372	16.894	10710
汉族	0	1	0.922	0.267	10693
已婚	0	1	0.777	0.415	10710
受教育年限	0	19	8.692	4.715	10598

续表

变量名	最小值	最大值	均值	标准差	样本数
城镇户籍	0	1	0.432	0.495	10698
健康状况	1	5	3.607	1.074	10704
党员	0	1	0.102	0.302	10668
宗教活动频率	1	9	1.445	1.346	10691
社会经济地位	1	3	1.711	0.548	10650
幸福感	1	5	3.868	0.818	10699
邻里关系	1	5	3.736	1.077	10701
村居委选举投票	0	1	0.466	0.498	10618
地区人均 GDP 的对数	10.172	11.589	10.856	0.395	10710
地区收入差距	1.845	3.426	2.508	0.327	10710
地区治安状况	3.613	13.240	6.225	2.581	10710

第二节 人口流动对流动者自身社会信任的影响：基本回归

一、是否流动对流动者社会信任的影响

表 8-2 汇报了是否流动对流动者社会信任的影响效应。表中第（1）列引入了是否流动和个体特征变量，发现个体发生流动对流动者社会信任产生了负向影响，但这一影响不具有统计上的显著性。第（2）列是在第（1）列的基础上进一步控制了地区特征变量，回归结果显示，流动降低了流动者自身的社会信任水平，但这一作用依然不具有统计上的显著性。这可能是因为流动行为一方面通过与外界的交流互动对社会信任水平产生促进作用，但同时也因为流动到一个新的地方后，流动前原有的社会信任基础遭到破坏以及在流入地遭受到歧视从而对社会信任产生了阻碍作用，两方面的影响程度相当，因此在总体上流动对流动者社会信任没有表现出统计显著的影响，前文提出的假说 4a 和 4b 均没有得到验证。

在控制变量上，我们可以发现，男性的信任水平更高，这或许与可能存在的性别歧视有关，性别歧视导致了女性对生活满意度较男性低。年龄与流动者的社会信任呈 U 型曲线关系，年龄的拐点在 33 岁左右，当跨过这一拐点后，社会信任会随着年龄的增加而提高。汉族有助于提高社会信任水平，这可能是因为汉族相对少数民族和周围大多数人在文化上具有更高的相似性，这种同质性在一定程度上有利于社会信任水平的提高。此外，受教育年限一次项在 1% 水平上显著为负，二次项在 1% 的显著性水平上为正，说明受教育年限会对个体的社会信任水平产生先抑制后促进的 U 型影响，U 型曲线的拐点处受教育

年限大约为 6.48 年，这一回归结果和前文的描述性统计结果基本一致。宗教活动频率也在 1% 水平上显著为正，说明个体参加的宗教频率越高，越有利于提高其社会信任水平，这与李涛等（2008）发现的结论一致。个体的社会经济地位在提高社会信任水平方面具有积极作用，这可能是因为社会经济地位更高的人，他们拥有更多的资源来承担"信任他人"失败的风险和损失（尤斯拉纳，2006）。此外，邻里关系变量在 1% 的水平上显著为正，说明良好的邻里关系有助于提升居民的社会信任水平，这也印证了 Delhey 和 Newton（2003）得到的类似结论。此外，参加村居委会的选举投票降低了个体的社会信任水平。

除了个体特征因素以外，地区特征变量也对居民的社会信任产生了显著影响。地区人均 GDP 在 1% 的水平上显著为正，说明一个地区经济发展水平越高，越有利于提升该地区居民的社会信任水平。而地区收入差距也表现为显著促进的作用。此外，一个地区的犯罪率越高，越不利于该地区居民的社会信任水平，但这一影响不具有统计显著性。我们还在后两列汇报了 Ologit 和 OLS 模型估计的结果，发现模型的回归结果和 Oprobit 回归结果基本一致。

表 8-2　　　　　　　　　　　　流动对流动者社会信任的影响

解释变量	（1）Oprobit	（2）Oprobit	（3）Ologit	（4）OLS
是否流动	-0.020 (0.026)	-0.030 (0.026)	-0.067 (0.045)	-0.023 (0.023)
男性	0.063*** (0.022)	0.064*** (0.022)	0.100*** (0.037)	0.058*** (0.019)
年龄	-0.006 (0.004)	-0.006* (0.004)	-0.013* (0.006)	-0.006* (0.003)
年龄平方/100	0.009** (0.003)	0.009** (0.003)	0.017*** (0.006)	0.008** (0.003)
汉族	0.066 (0.040)	0.072* (0.041)	0.114* (0.069)	0.067* (0.036)
已婚	-0.027 (0.029)	-0.026 (0.029)	-0.041 (0.049)	-0.025 (0.026)
受教育年限	-0.054*** (0.007)	-0.053*** (0.007)	-0.092*** (0.012)	-0.048*** (0.006)
受教育年限平方/100	0.420*** (0.041)	0.409*** (0.041)	0.706*** (0.070)	0.372*** (0.037)
健康状况	0.017 (0.011)	0.018 (0.011)	0.034* (0.019)	0.013 (0.010)

续表

解释变量	（1）Oprobit	（2）Oprobit	（3）Ologit	（4）OLS
党员	-0.007 （0.039）	-0.008 （0.039）	-0.017 （0.067）	-0.004 （0.036）
城镇户籍	-0.049* （0.026）	-0.061** （0.027）	-0.115** （0.046）	-0.049** （0.024）
宗教活动频率	0.028*** （0.008）	0.028*** （0.008）	0.049*** （0.013）	0.024*** （0.007）
社会经济地位	0.076*** （0.021）	0.078*** （0.021）	0.144*** （0.035）	0.064*** （0.018）
幸福感	0.024* （0.014）	0.023 （0.014）	0.027 （0.024）	0.022* （0.012）
邻里关系	0.051*** （0.011）	0.056*** （0.011）	0.093*** （0.019）	0.050*** （0.010）
村居委会选举投票	-0.047** （0.023）	-0.053** （0.023）	-0.097** （0.039）	-0.048** （0.021）
地区人均GDP		0.132*** （0.037）	0.233*** （0.063）	0.122*** （0.033）
地区收入差距		0.127*** （0.040）	0.193*** （0.068）	0.113*** （0.035）
地区治安状况		-0.001 （0.004）	-0.002 （0.007）	-0.002 （0.004）
常数项				0.002 （0.412）
Pseudo R^2 或 R^2	0.0087	0.0094	0.0099	0.0238
样本数	10352	10352	10352	10352

注：（1）为了克服异方差问题，括号内为稳健标准误；（2）*、**、*** 分别表示在10%、5%和1%的水平上显著。下表同。

二、流动范围对流动者社会信任的影响

表8-3汇报了不同流动范围对流动者社会信任的影响。回归结果显示，在第（1）列没有控制地区特征变量时，相对未流动居民而言，县内跨乡和跨县流动降低了流动者的社会信任水平，但都不具有统计显著性。第（2）列在控制了地区特征变量之后，县内跨乡和跨县流动对居民社会信任产生了负向影响，但这一影响作用依然不具有统计显著性。在

第（3）列 Ologit 和第（4）列 OLS 模型估计中，上述结论没有改变。控制变量的回归结果和表 7-2 中基本一致，不再赘述。

表 8-3　　　　　　　　　不同流动范围对流动者自身社会信任的影响

解释变量	（1）Oprobit	（2）Oprobit	（3）Ologit	（4）OLS
流动范围 （以未流动为参照）				
县内跨乡	−0.035 （0.030）	−0.037 （0.030）	−0.072 （0.051）	−0.030 （0.026）
跨县流动	0.007 （0.040）	−0.018 （0.040）	−0.057 （0.069）	−0.008 （0.036）
男性	0.062*** （0.022）	0.063*** （0.022）	0.100*** （0.037）	0.058*** （0.019）
年龄	−0.006 （0.004）	−0.006* （0.004）	−0.013* （0.006）	−0.005* （0.003）
年龄平方/100	0.009** （0.003）	0.009** （0.003）	0.017*** （0.006）	0.008** （0.003）
汉族	0.066 （0.040）	0.072* （0.042）	0.114* （0.069）	0.067* （0.036）
已婚	−0.027 （0.029）	−0.026 （0.029）	−0.041 （0.049）	−0.025 （0.026）
受教育年限	−0.054*** （0.007）	−0.053*** （0.007）	−0.092*** （0.012）	−0.048*** （0.006）
受教育年限平方/100	0.420*** （0.041）	0.409*** （0.041）	0.706*** （0.070）	0.372*** （0.037）
健康状况	0.017 （0.011）	0.018 （0.011）	0.034* （0.019）	0.013 （0.010）
党员	−0.007 （0.039）	−0.008 （0.039）	−0.017 （0.067）	−0.004 （0.036）
城镇户籍	−0.046* （0.026）	−0.059** （0.027）	−0.113** （0.046）	−0.047* （0.024）
宗教活动频率	0.028*** （0.008）	0.028*** （0.008）	0.049*** （0.013）	0.024*** （0.007）
社会经济地位	0.076*** （0.021）	0.077*** （0.021）	0.144*** （0.035）	0.063*** （0.018）

续表

解释变量	（1）Oprobit	（2）Oprobit	（3）Ologit	（4）OLS
幸福感	0.024 *	0.022	0.027	0.021 *
	(0.014)	(0.014)	(0.024)	(0.012)
邻里关系	0.053 ***	0.056 ***	0.093 ***	0.050 ***
	(0.011)	(0.011)	(0.019)	(0.010)
村居委会选举投票	-0.045 *	-0.053 **	-0.097 **	-0.047 **
	(0.023)	(0.023)	(0.039)	(0.021)
地区人均GDP		0.130 ***	0.231 ***	0.119 ***
		(0.037)	(0.063)	(0.033)
地区收入差距		0.126 ***	0.192 ***	0.112 ***
		(0.040)	(0.068)	(0.035)
地区治安状况		-0.002	-0.002	-0.003
		(0.004)	(0.007)	(0.004)
常数项				0.028
				(0.415)
Pseudo R^2 或 R^2	0.0088	0.0094	0.0099	0.0238
样本数	10352	10352	10352	10352

三、流动地点对流动者社会信任的影响

表8-4汇报了不同流动地点对流动者社会信任的影响。从回归结果可以发现，相对未流动的居民而言，流动到农村会显著降低流动者的社会信任水平，虽然流动到城市也能降低流动者的社会信任水平，但这一影响不具有统计显著性。两者差异的一种合理的解释是，流动到城市虽然可能会遭受到来自流入地居民的歧视，但同时也能够享受城市集聚经济产生的正外部性，比如城市的人力资本溢出效应有助于提升他们自身的人力资本水平，增长他们的见识；城市中更好的公共服务有助于提升他们的生活满意度，这些都有利于社会信任水平的提高。而流动到农村，同样可能遭受到流入地的歧视，却享受不到譬如城市集聚所带来的正外部性。因此，流动到农村可能会显著降低流动者的社会信任水平。我们也汇报了Ologit和OLS模型估计结果，发现回归结果和Oprobit基本一致。

表8-4　　　　　　　　　　不同流动地点对流动者自身社会信任的影响

解释变量	（1）Oprobit	（2）Oprobit	（3）Ologit	（4）OLS
流动地点 （以未流动为参照）				

续表

解释变量	（1）Oprobit	（2）Oprobit	（3）Ologit	（4）OLS
流动到农村	−0.098*	−0.098*	−0.170*	−0.094*
	（0.057）	（0.057）	（0.093）	（0.049）
流动到城市	−0.005	−0.017	−0.046	−0.009
	（0.028）	（0.028）	（0.048）	（0.025）
男性	0.063***	0.064***	0.101***	0.059***
	（0.022）	（0.022）	（0.037）	（0.019）
年龄	−0.006	−0.006*	−0.013*	−0.006*
	（0.004）	（0.004）	（0.006）	（0.003）
年龄平方/100	0.009**	0.009**	0.017***	0.008**
	（0.003）	（0.003）	（0.006）	（0.003）
汉族	0.065	0.070*	0.112	0.066*
	（0.040）	（0.042）	（0.069）	（0.036）
已婚	−0.027	−0.026	−0.040	−0.025
	（0.029）	（0.029）	（0.049）	（0.026）
受教育年限	−0.054***	−0.053***	−0.091***	−0.048***
	（0.007）	（0.007）	（0.012）	（0.006）
受教育年限平方/100	0.418***	0.407***	0.703***	0.370***
	（0.041）	（0.041）	（0.070）	（0.037）
健康状况	0.017	0.018	0.035*	0.013
	（0.011）	（0.011）	（0.019）	（0.010）
党员	−0.008	−0.008	−0.017	−0.004
	（0.039）	（0.039）	（0.067）	（0.036）
城镇户籍	−0.051*	−0.063**	−0.118**	−0.051**
	（0.026）	（0.027）	（0.046）	（0.024）
宗教活动频率	0.028***	0.028***	0.049***	0.024***
	（0.008）	（0.008）	（0.013）	（0.007）
社会经济地位	0.076***	0.077***	0.144***	0.064***
	（0.021）	（0.021）	（0.035）	（0.018）
幸福感	0.024*	0.022	0.027	0.021*
	（0.014）	（0.014）	（0.024）	（0.012）
邻里关系	0.053***	0.057***	0.095***	0.051***
	（0.011）	（0.011）	（0.019）	（0.010）

续表

解释变量	（1）Oprobit	（2）Oprobit	（3）Ologit	（4）OLS
村居委会选举投票	-0.046** (0.023)	-0.053** (0.023)	-0.096** (0.039)	-0.048** (0.021)
地区人均GDP		0.131*** (0.037)	0.230*** (0.063)	0.121*** (0.033)
地区收入差距		0.125*** (0.040)	0.190*** (0.068)	0.111*** (0.035)
地区治安状况		-0.002 (0.004)	-0.002 (0.007)	-0.003 (0.004)
常数项				0.021 (0.412)
Pseudo R² 或 R²	0.0088	0.0094	0.0100	0.0240
样本数	10352	10352	10352	10352

第三节 稳健性检验：处理样本选择偏差[①]

一般来说，那些生活积极、心态乐观的人更可能选择流动，而这部分人社会信任水平也可能更高（王邵光、刘欣，2002；Uslaner，2005），因此流动对社会信任的影响可能会因为这种样本自选择造成一定的偏差，为此我们用 Heckman 两阶段模型加以纠正，这一分析分为两个阶段。第一阶段，把流动和未流动的样本混合在一起，建立个体是否流动的选择模型，进行 Probit 回归，并计算得到逆米尔斯比率；第二阶段，对于流动的个体，考察其流动前后社会信任水平的变化。在第二阶段分析时，把第一阶段得到的逆米尔斯比率引入回归以解决样本选择偏差问题。

在第一阶段，被解释变量为"是否流动"，我们把"流动"赋值为1，"没有流动"赋值为0。我们除了控制了上文中已经控制的个体特征变量和地区特征变量外，还控制"是否享有医疗保险"这一变量，因为现有的研究表明医疗保险对流动具有明显的锁定效应（Madrian，1994；贾男、马俊龙，2015）。

---

① 如果能找到个体是否流动的工具变量进一步进行 IV 估计会更完善，现有文献一般采用流出地与流入地之间的距离、所在村（或社区）整体的迁移率作为 IV，但 CGSS2015 年公开的数据没有关于流出户籍所在地变量，也没有流出地其他相关特征变量，我们尝试利用问卷中的受访者家庭与各类能源（比如：瓶装液化气、管道天然气）供应点的距离以及交通成本作为工具变量，但发现不能同时满足外生性和相关性的要求，在公开的其他变量中也未能找到同时满足外生性和相关性的工具变量，因此本书未能进行 IV 估计。

从表 8-5 第一阶段回归结果可以看到，医疗保险的确显著降低了医保拥有者发生流动的概率。然后我们把第一阶段计算得到的逆米尔斯比率作为控制变量引入第二阶段社会信任决定模型中，回归结果发现，逆米尔斯比率回归系数不显著，这表明样本选择偏差可能不严重，从是否流动变量的回归结果可以看到，该变量的回归系数为 -0.072，但依然不具有统计显著性，说明了上文这一回归结果的稳健性。

表 8-5 　　　　　　　**是否流动与流动者自身的社会信任（Heckman 两阶段模型）**

Panel A：选择模型		Panel B：社会信任决定模型	
解释变量	是否流动（流动=1）	解释变量	社会信任水平
医疗保险	-0.299*** (0.047)	是否流动（流动=1）	-0.072 (0.190)
个体特征变量	控制	个体特征变量	控制
地区特征变量	控制	地区特征变量	控制
		逆米尔斯比率	0.028 (0.112)
常数项	-4.792*** (0.599)	常数项	-0.057 (0.462)
Pseudo R^2	0.1354	R2	0.0239
样本数	10309	样本数	10309

注：个体特征变量和地区特征变量同表 8-2 第（2）列。下表同。

第四节　人口流动影响流动者社会信任的异质性

上述回归是把所有样本放在一起进行回归的结果，而不同样本个体之间存在异质性，不同地区之间也存在地区差异，那么个体的流动状态（是否流动、流动范围和流动地点）对流动者社会信任水平的影响是否因这些差异而不同呢？本节将从受访者受教育程度、地区治安状况、地区公共服务水平三个角度进一步分析个体的流动状态影响社会信任水平的差异。

一、不同受教育程度的回归结果

根据受访者的受教育程度，我们设置了关于受教育程度的虚拟变量，初中及以下赋值为 0，高中及以上赋值为 1，用前者代表文化程度相对较低的组别，用后者代表文化程度相对较高的组别，然后将三种流动状态与之进行交互项分析以考察可能存在的异质性。

（一）是否流动的分析

表 8-6 汇报了个体是否流动影响社会信任水平的回归结果。表中第（1）列没有引入地区特征变量，第（2）列引入了地区特征变量，从回归结果可以看到，在考虑是否流动与受教育程度的交互作用后，是否流动变量不仅变得显著起来，而且因个体受教育程度的不同而有明显的差异。在高中及以上组别中，流动使得个体的社会信任水平降低了 6.5%，但在交互作用下，这一概率提高了 8.4%，即对于高中及以上受教育程度相对较高的群体来说，流动对其社会信任影响的净效应为 1.9%，而对初中及以下受教育程度相对较低的群体，流动使其社会信任水平降低了 6.5%，净影响为负。因此，不同的受教育水平的确带来了个体流动对流动者社会信任的影响差异。一种合理的解释是文化程度相对较低的流动者，他们的认知判断能力和适应能力较弱，社会信任基础主要来自流动前的熟人，流动后这一社会信任基础遭到破坏且很难得以重建，同时还会遭到来自流入地的歧视，从而导致其社会信任水平的下降。而对于文化程度相对较高的流动者，他们认知判断能力和适应能力都较强，流动后社会信任基础可以得到重建，同时他们更有可能流向公共服务水平较好的大城市，能够享受到城市集聚经济的正外部性，有助于提高他们的生活满意度、获得较高的收入回报等，这些有利于社会信任水平的提升（Orren，1997；Whiteley，1999）。最后两列回归结果中各变量的符号和显著性和 OLS 回归基本一致。

表 8-6　　　　　　　　　　**是否流动对流动者社会信任的影响**

解释变量	（1）OLS①	（2）OLS	（3）Oprobit	（4）Ologit
是否流动	−0.057* (0.030)	−0.065** (0.0307)	−0.080** (0.035)	−0.153*** (0.059)
高中及以上	0.121*** (0.029)	0.113*** (0.029)	0.129*** (0.032)	0.223*** (0.055)
流动×高中及以上	0.089** (0.045)	0.084* (0.045)	0.097* (0.051)	0.169** (0.086)
个体特征变量	未控制	控制	控制	控制
地区特征变量	控制	控制	控制	控制
常数项	1.609*** (0.113)	−0.122 (0.413)		

---

① OLS 用于分析被解释变量为有序离散的变量是不妥当的，但由于 Oprobit 模型中各变量回归系数大小不能直接比较，为了便于分析，本节还是以分析 OLS 估计的结果为主，同时把 Oprobit 和 Ologit 回归作为参考。

续表

解释变量	（1）OLS①	（2）OLS	（3）Oprobit	（4）Ologit
R² 或 Pseudo R²	0.0152	0.0171	0.0068	0.0073
样本数	10352	10352	10352	10352

（二）不同流动范围的分析

表 8-7 汇报了个体流动范围影响其社会信任水平的回归结果。在考虑了流动范围与受教育程度的交互作用后，县内跨乡流动变得显著起来。对于高中及以上文化程度相对较高的群体，县内跨乡的直接效应的作用下，流动者的社会信任水平降低了 8.7%，但在交互作用下，又使得流动者的社会信任水平提升 11.4%，因此县内跨乡流动对高中及以上文化程度的流动者社会信任水平影响的净效应为正。而对初中及以下受教育程度较低组别，县内跨乡流动使他们的社会信任水平降低了 8.7%。而跨县流动对流动者社会信任影响的受教育程度差异没有得到实证证据支持。

表 8-7　　　　　　　　　　**流动范围对流动者自身社会信任的影响**

解释变量	（1）OLS	（2）OLS	（3）Oprobit	（4）Ologit
流动范围 （以未流动为参照）				
县内跨乡	−0.088***	−0.087**	−0.101**	−0.171**
	(0.034)	(0.034)	(0.041)	(0.067)
跨县流动	0.003	−0.021	−0.039	−0.116
	(0.050)	(0.051)	(0.059)	(0.098)
高中及以上	0.122***	0.114***	0.130***	0.223***
	(0.029)	(0.029)	(0.032)	(0.055)
县内跨乡×高中及以上	0.119**	0.114**	0.126**	0.197*
	(0.053)	(0.053)	(0.060)	(0.101)
跨县流动×高中及以上	0.032	0.031	0.045	0.120
	(0.068)	(0.068)	(0.077)	(0.130)
个体特征变量	未控制	控制	控制	控制
地区特征变量	控制	控制	控制	控制

续表

解释变量	（1）OLS	（2）OLS	（3）Oprobit	（4）Ologit
常数项	1.605*** (0.113)	-0.087 (0.416)		
R² 或 Pseudo R²	0.0154	0.0172	0.0069	0.0073
样本数	10352	10352	10352	10352

（三）不同流动地点的分析

表8-8汇报的是流动地点影响流动者社会信任水平的估计结果。第（2）列显示，对于初中及以下文化程度的群体，流动到城市这一流动形式使得他们的社会信任水平显著降低了6.1%，净效应为负。而对于高中及以上文化程度的群体而言，流动到城市的直接效应使得他们的社会信任水平降低了6.1%，但在交互作用下，提升了9.9%，因此综合作用为3.8%，净效应为正。而对于流动到农村这一流动形式没有表现出影响的差异性。

表8-8　　　　　　**不同流动地点对流动者自身社会信任的影响**

解释变量	（1）OLS	（2）OLS	（3）Oprobit	（4）Ologit
流动地点 （以未流动为参照）				
流动到农村	-0.068 (0.055)	-0.071 (0.056)	-0.071 (0.065)	-0.116 (0.106)
流动到城市	-0.051 (0.034)	-0.061* (0.034)	-0.080** (0.040)	-0.160** (0.067)
高中及以上	0.124*** (0.029)	0.116*** (0.029)	0.132*** (0.032)	0.228*** (0.055)
流动到农村×高中及以上	-0.167 (0.117)	-0.161 (0.117)	-0.187 (0.137)	-0.357 (0.217)
流动到城市×高中及以上	0.103** (0.048)	0.099** (0.048)	0.117** (0.054)	0.213** (0.092)
个体特征变量	未控制	控制	控制	控制
地区特征变量	控制	控制	控制	控制

续表

解释变量	（1）OLS	（2）OLS	（3）Oprobit	（4）Ologit
常数项	1.605***	-0.095		
	(0.113)	(0.413)		
R^2 或 Pseudo R^2	0.0159	0.0177	0.0071	0.0075
样本数	10352	10352	10352	10352

二、不同社会治安状况的回归结果

根据调查省份"每万常住人口中检察机关批准逮捕人数"指标，本书设置一个关于地区社会治安状况的虚拟变量，以中位数 5.309 为临界点，把低于这一数值的归为社会治安较好的地区，并赋值为 1；高于等于这一数值的归为社会治安较差地区，赋值为 0，然后把三种流动状态与之进行交互分析。

（一）是否流动的分析

表 8-9 第（2）列在第（1）列的基础上进一步控制了地区特征变量，回归结果显示，考虑了流动与社会治安状况的交互作用后，虽然在社会治安较好的地区，流动对个体社会信任水平的净效应为正；在社会治安较差的地区，流动对个体的社会信任水平的净效应为负，但两者都不具有统计显著性。在 Oprobit 和 Ologit 估计中，这一结论依然不变。

表 8-9　　　　　　　　　**是否流动对流动者社会信任的影响**

解释变量	（1）OLS	（2）OLS	（3）Oprobit	（4）Ologit
流动 （以未流动为参照）	-0.035 (0.030)	-0.048 (0.030)	-0.063* (0.034)	-0.117** (0.058)
社会治安较好地区	-0.058** (0.023)	-0.034 (0.024)	-0.046* (0.027)	-0.084* (0.045)
流动×社会治安较好地区	0.039 (0.044)	0.055 (0.044)	0.071 (0.050)	0.108 (0.084)
个体特征变量	未控制	控制	控制	控制
地区特征变量	控制	控制	控制	控制
常数项	1.593*** (0.115)	0.166 (0.019)		

续表

解释变量	（1）OLS	（2）OLS	（3）Oprobit	（4）Ologit
R^2 或 Pseudo R^2	0.0227	0.0239	0.0095	0.0100
样本数	10352	10352	10352	10352

（二）不同流动范围的分析

表 8-10 第（2）列回归结果显示，在考虑了流动范围与社会治安状况的交互作用后，县内跨乡这一变量变得显著起来，在社会治安较好的地区，县内跨乡流动的直接效应作用下，流动者的社会信任水平降低了 7.4%，但在交互作用下，这一影响又上升了 9.2%，因此在社会治安较好的地区，县内跨乡流动对个体社会信任的净效应为正。而在社会治安较差的地区，县内跨乡流动使得个体的社会信任水平降低了 7.4%，净效应为负。而跨县流动对个体社会信任的影响没有发现这一差异。

表 8-10　　　　　　　不同流动范围对流动者自身社会信任的影响

解释变量	（1）OLS	（2）OLS	（3）Oprobit	（4）Ologit
流动范围 （以未流动为参照）				
县内跨乡	−0.069* （0.036）	−0.074** （0.036）	−0.089** （0.041）	−0.158** （0.069）
跨县流动	0.010 （0.042）	−0.013 （0.042）	−0.027 （0.048）	−0.061 （0.082）
社会治安较好地区	−0.057** （0.023）	−0.035 （0.024）	−0.047* （0.027）	−0.085* （0.045）
县内跨乡×社会治安较好地区	0.085 （0.052）	0.092* （0.052）	0.111* （0.059）	0.182* （0.099）
跨县流动×社会治安较好地区	−0.034 （0.073）	−0.010 （0.073）	−0.002 （0.083）	−0.035 （0.136）
个体特征变量	未控制	控制	控制	控制
地区特征变量	控制	控制	控制	控制
常数项	1.585*** （0.115）	0.219 （0.422）		

续表

解释变量	（1）OLS	（2）OLS	（3）Oprobit	（4）Ologit
R^2 或 Pseudo R^2	0.0230	0.0241	0.0096	0.0101
样本数	10352	10352	10352	10352

（三）不同流动地点的分析

表 8-11 第（2）列回归结果显示，在考虑了流动地点和社会治安状况的交互作用后，在社会治安较好的地区，流动到农村这一流动形式的直接效应使得个体的社会信任水平降低了 20.6%，但在交互作用下，这一负面作用得到削弱，会使得个体的社会信任水平上升 20.1%，但净效应依然为负。而在社会治安较差的地区，流动到农村会使得个体的社会信任水平降低 20.6%。流动到城市这一流动形式对流动个体社会信任的这一差异影响没有得到证据支持。

表 8-11　　　　　　**不同流动地点对流动者自身社会信任的影响**

解释变量	（1）OLS	（2）OLS	（3）Oprobit	（4）Ologit
流动地点 （以未流动为参照）				
流动到农村	−0.208***	−0.206***	−0.220***	−0.348***
	（0.067）	（0.068）	（0.083）	（0.135）
流动到城市	−0.013	−0.028	−0.043	−0.085
	（0.031）	（0.031）	（0.036）	（0.061）
社会治安较好地区	−0.058**	−0.036	−0.047*	−0.086*
	（0.023）	（0.024）	（0.027）	（0.045）
流动到农村×社会治安较好地区	0.206**	0.201**	0.216*	0.323*
	（0.096）	（0.096）	（0.114）	（0.186）
流动到城市×社会治安较好地区	0.022	0.040	0.056	0.084
	（0.048）	（0.048）	（0.054）	（0.091）
个体特征变量	未控制	控制	控制	控制
地区特征变量	控制	控制	控制	控制
常数项	1.598***	0.220		
	（0.115）	（0.419）		
R^2 或 Pseudo R^2	0.0233	0.0244	0.0096	0.0102
样本数	10352	10352	10352	10352

三、不同公共服务水平下的回归结果

那么，个体的流动对其社会信任的影响会不会因为地区公共服务水平的差异而有所不同呢？接下来尝试探讨这一问题。关于地区公共服务水平的测量，我们参考夏怡然、陆铭（2015）的研究，采用基础教育阶段的"生均初中教师人数"来表示，该指标是根据初中专任教师数和初中在校学生数之比计算所得，数据来自 2016 年《中国统计年鉴》。

（一）是否流动的分析

从表 8-12 第（1）列可以看到，当考虑了是否流动与地区公共服务水平的交互作用后，是否流动对个体的社会信任影响不仅变得显著起来，而且因地区公共服务水平的不同而有明显的差异。第（2）列在控制了地区特征变量后，这一影响依然稳健。具体而言，当地区公共服务水平相对较高时（生均初中教师人数高于 0.089①），流动对个体社会信任的净效应为正；而当地区公共服务水平相对较低时（生均初中教师人数低于 0.089），流动对个体社会信任影响的净效应为负。因此不同的公共服务水平确实带来了是否流动对个体社会信任的异质性影响。在第（3）列的 Oprobit 估计和第（4）列的 Ologit 估计中，主要变量的符号和显著性和 OLS 回归中基本一致。

表 8-12 是否流动对个体社会信任的影响

解释变量	（1）OLS	（2）OLS②	（3）Oprobit	（4）Ologit
流动 （以未流动为参照）	-0.328** (0.132)	-0.325** (0.132)	-0.401*** (0.149)	-0.724*** (0.250)
公共服务水平	-4.336*** (0.823)	-4.410*** (0.877)	-5.433*** (0.947)	-9.539*** (1.587)
流动×公共服务水平	3.660** (1.480)	3.634** (1.481)	4.442*** (1.676)	7.891*** (2.824)
个体特征变量	未控制	控制	控制	控制
地区特征变量	控制	控制	控制	控制
常数项	1.894*** (0.128)	1.902*** (0.176)		
R^2 或 Pseudo R^2	0.0248	0.0248	0.0100	0.0107
样本数	10352	10352	10352	10352

---

① 该值根据估计方程偏导数计算所得。

② 共线性分析发现，人均 GDP 和公共服务水平存在较大的共线性问题，因此回归中没有再引入人均 GDP 这一变量。

（二）不同流动范围的分析

表8-13第（2）列显示，当考虑了流动范围与公共服务水平的交互作用后，在地区公共服务水平较低地区，跨县流动显著降低了流动者的个体社会信任水平。而在地区公共服务水平较高地区，跨县流动显著提高了流动者的个体社会信任水平。这说明了跨县流动这一流动形式对社会信任的影响会因地区公共服务水平的不同而不同。而这一影响在县内跨乡这一流动形式中没有发现证据支持。

表8-13　　　　　　　　不同流动范围对流动者自身社会信任的影响

解释变量	（1）OLS	（2）OLS	（3）Oprobit	（4）Ologit
流动范围 （以未流动为参照）				
县内跨乡	−0.237 (0.157)	−0.237 (0.157)	−0.277 (0.178)	−0.499* (0.296)
跨县流动	−0.411** (0.199)	−0.398** (0.201)	−0.522** (0.222)	−0.980** (0.382)
公共服务水平	−4.355*** (0.823)	−4.475*** (0.878)	−5.456*** (0.947)	−9.576*** (1.587)
县内跨乡×公共服务水平	2.421 (1.781)	2.421 (1.782)	2.830 (2.039)	5.021 (3.391)
跨县流动×公共服务水平	4.903** (2.169)	4.807** (2.181)	6.122** (2.417)	11.212*** (4.172)
个体特征变量	未控制	控制	控制	控制
地区特征变量	控制	控制	控制	控制
常数项	1.886*** (0.129)	1.908*** (0.176)		
R^2 或 Pseudo R^2	0.0250	0.0250	0.0101	0.0108
样本数	10352	10352	10352	10352

（三）不同流动地点的分析

表8-14第（2）列显示，在考虑了流动地点和地区公共服务水平的交互作用之后，流动到城市这一流动形式在公共服务水平相对较低的地区显著降低了个体的社会信任水平，而在公共服务水平相对较高的地区显著提高了个体的社会信任水平。而流动到农村这一流动形式不存在这种差异性影响。对于这种差异，一种解释是目前流动者大多流向城市，而

随迁子女的教育问题对他们来说至关重要，当这一公共服务水平较好时，流动者政府信任更高，社会信任也更高。而对于那些流动到农村的流动者来说，随迁子女的教育问题可能并不存在。

表 8-14   不同流动地点对流动者自身社会信任的影响

解释变量	（1）OLS	（2）OLS	（3）Oprobit	（4）Ologit
流动地点 （以未流动为参照）				
流动到农村	-0.006 (0.267)	-0.010 (0.267)	-0.011 (0.321)	-0.059 (0.527)
流动到城市	-0.365** (0.141)	-0.359** (0.142)	-0.441*** (0.159)	-0.810*** (0.269)
公共服务水平	-4.298*** (0.824)	-4.391*** (0.877)	-5.524*** (1.011)	-9.861*** (1.694)
流动到农村×公共服务水平	-0.892 (3.009)	-0.857 (3.009)	-0.884 (3.681)	-1.036（5.997）
流动到城市×公共服务水平	4.220*** (1.582)	4.180*** (1.584)	5.064*** (1.783)	9.123*** (3.018)
个体特征变量	未控制	控制	控制	控制
地区特征变量	控制	控制	控制	控制
常数项	1.888*** (0.129)	1.903*** (0.176)		
R^2 或 Pseudo R^2	0.0252	0.0252	0.0102	0.0108
样本数	10352	10352	10352	10352

第五节 本章小结

本章利用 2015 年中国综合社会调查数据（CGSS2015），系统研究了个体的流动状态对流动者自身社会信任的影响。在分析中，我们对个体流动状态的内涵进行了拓展，以期得到更加全面的结论。就流动状态而言，我们不仅考虑了个体是否流动，而且还考虑了个体的流动范围和流动地点。此外，还考察了这三个维度的流动状态在不同文化程度、不同社会治安状况和不同公共服务水平下的异质性。实证研究主要有以下发现：

第一，从是否流动来看，个体是否流动对其社会信任水平不具有统计显著的影响，但是这一影响在不同情况下存在差异。具体而言，对高中及以上群体和在公共服务水平较高的地区，流动显著提高了流动者的社会信任水平，而对初中及以下群体和在公共服务水平较低的地区，流动显著降低了流动者的社会信任水平。没有发现证据表明流动在不同社会治安地区的差异性影响。

第二，从流动范围来看，县内跨乡流动和跨县流动对个体的社会信任也不具有统计显著的影响。而县内跨乡流动对高中及以上群体和在社会治安较好地区显著促进了流动者的社会信任水平，而对初中及以下群体和在社会治安较差的地区作用则相反。此外，跨县流动在公共服务水平较高的地区显著提高了流动者的社会信任水平；而在公共服务水平较低的地区作用则相反。

第三，从流动地点来看，流动到农村显著降低了流动者的个体社会信任水平，而流动到城市则不具有统计显著的影响。同时，流动到农村无论是在社会治安较好的地区还是社会治安较差的地区，都表现为显著的抑制作用，但是在社会治安较好的地区这种抑制作用会小一些。此外，流动到城市对高中及以上群体和在公共服务水平较好的地区具有显著的促进作用，而对初中及以下群体和在公共服务水平较差的地区则表现为显著的抑制作用。

本章从个体流动状态结合个体的受教育程度、社会治安状况、公共服务水平的视角对社会信任进行了研究，有助于进一步深化对个体社会信任水平影响机理的理解。从个体是否流动、流动范围和流动地点三个维度考察个体的流动状态，使得研究内容更加逻辑化和系统化。与以往研究大多关注的是流入城市相比，我们还关注了流动到农村这一人口流动行为，研究发现，这一流动行为不利于个体社会信任水平，拓展了现有的研究内容。本章的政策含义在于，在我国当前人口流动的背景下，为了改善流动人口的社会信任水平，应努力提升公共服务水平、加强社会治安的管理。同时，应该更加关注文化程度相对较低的这类弱势群体。

第九章　主要结论和政策启示

本章在梳理前几章研究的基础上，总结本书研究得到的主要结论，并基于得出的结论提出相关政策建议，最后指出本书研究存在的不足之处和未来需要进一步研究的方向。

第一节　研　究　结　论

本书的研究把我国当前的人口流动和居民的社会信任水平结合在一起，尝试探讨人口流动对我国居民社会信任水平的影响。利用相关的调查数据，理论和实证研究得到了一些有趣的发现。

一、人口流动性与居民的社会信任

本书利用 2005 年各省（市、自治区）1% 人口抽样调查资料、2005 年中国综合社会调查数据（CGSS2005）和匹配的地区特征数据，实证研究了一个地区的人口流动性对该地区居民社会信任的影响，研究主要有以下发现：

第一，一个地区的人口流动性对该地区居民的社会信任产生了先抑制后促进的 U 型影响，U 型曲线拐点处人口流动性在 27.80% 左右。这意味着，当一个地区的人口流动性低于该拐点值时，人口流动性的提高会降低该地区居民的社会信任水平，当超过这一拐点之后，人口流动性的继续增强会提高该地区居民的社会信任水平。在考虑了内生性以及变换计量方法、调整到省级层面等稳健性检验后，这一结论依然成立。

第二，一个地区的人口流动性对该地区居民社会信任的影响存在异质性。具体而言，一个地区的人口流动性对该地区 18—45 岁、初中及以下、体制外就业和户籍居民的社会信任具有显著的 U 型影响，且人口流动性作用的拐点分别约为 24.15%、25.44%、27.34% 和 22.42%，但对 45 岁及以上、高中及以上、体制内就业和流动人口不具有统计显著的影响。

二、外来人口与流入地居民社会信任

本书利用 2005 年全国 1% 人口抽样调查微观数据库、2005 年中国综合社会调查数据（CGSS2005）和匹配的地区特征数据，实证研究了一个地区的外来人口占比对该地区居民社会信任的影响，研究主要有以下发现：

第一，外来人口占比对流入地居民的社会信任水平也产生了先抑制后促进的 U 型影响，U 型曲线拐点处外来人口占比大约为 14.84%。也就是说，一个地区的外来人口最初

会降低流入地居民的社会信任水平，但是这种负向作用并不是持续不变的，当外来人口占比超过拐点后，外来人口的继续流入会促进流入地居民社会信任水平的提高。这一基本结论在工具变量估计以及变换外来人口测量指标、更换样本数据等稳健性检验后依然不变。

第二，外来人口对流入地居民社会信任的影响在不同群体之间存在异质性。具体而言，外来人口对相对年轻、文化程度相对较低和体制外就业居民的社会信任水平具有显著的 U 型影响，而这一影响在相对年长、受教育程度相对较高和体制内就业的居民中没有得到实证证据支持。

三、人口外流与流出地居民的社会信任

本书利用 2006 年各省（市、自治区）统计年鉴、2005 年中国综合社会调查数据（CGSS2005）和匹配的地区特征数据，实证研究了一个地区的人口外流对流出地居民社会信任的影响，研究主要有以下发现：

第一，一个地区的人口外流与流出地居民的社会信任水平呈 U 型关系，U 型曲线最低点处人口外流比重大约为 7.66%。在考虑内生性以及更换人口外流指标、变换样本数据等稳健性检验后两者之间的 U 型关系依然不变。

第二，进一步分析发现，一个地区的人口外流对该地区受教育程度较低、与亲朋联系密切程度较高以及农村居民产生了 U 型影响，而这一 U 型影响在受教育程度较高、与亲朋联系密切程度低以及城镇居民中没有得到实证支持。此外，相对年长的居民，U 型曲线的拐点更大，说明他们社会信任水平的变化趋势对人口外流的调整速度更慢。

四、人口流动与流动者自身的社会信任

本书利用 2015 年中国综合社会调查数据（CGSS2015）和匹配的地区特征数据，实证研究了个体的流动状态对其社会信任的影响。在分析研究时，把个体的流动状态拓展为三个维度：是否流动、流动范围（县内跨乡和跨县流动）和流动地点（流动到农村和流动到城市），分别考察各个维度的流动状态对个体社会信任的影响。研究主要有以下发现：

第一，从是否流动来看，个体是否流动对其社会信任水平不具有统计显著的影响，但是这一影响在不同情况下存在差异。具体而言，对高中及以上群体和在公共服务水平较高的地区，流动显著提高了流动者的社会信任水平，而对初中及以下群体和在公共服务水平较低的地区，流动显著降低了流动者的社会信任水平。没有发现证据表明流动在不同社会治安地区的差异性影响。

第二，从流动范围来看，县内跨乡流动和跨县流动对个体的社会信任也不具有统计显著的影响。而县内跨乡流动对高中及以上群体和在社会治安较好地区显著促进了流动者的社会信任水平，而对初中及以下群体和在社会治安较差的地区作用则相反。此外，跨县流动在公共服务水平较高的地区显著提高了流动者的社会信任水平，而在公共服务水平较低的地区作用则相反。

第三，从流动地点来看，流动到农村显著降低了流动者的个体社会信任水平，而流动到城市则不具有统计显著的影响。同时，流动到农村无论是在社会治安较好的地区还是社

会治安较差的地区，都表现为显著的抑制作用，但是在社会治安较好的地区这种抑制作用会小一些。此外，流动到城市对高中及以上群体和在公共服务水平较好的地区具有显著的促进作用，而对初中及以下群体和在公共服务水平较差的地区则表现为显著的抑制作用。

第二节 政 策 启 示

通过对人口流动与社会信任关系的分析，从提高我国居民社会信任水平的角度来看，可以从减少人口流动的制度障碍、加强社会治安管理、提高公共服务水平、缩小收入差距等方面着手，具体提出以下政策建议。

一、减少人口流动的制度障碍，促进人口自由流动

既然一个地区的人口流动性、外来人口和人口外流与居民的社会信任水平呈现 U 型关系，且在超过 U 型曲线的拐点后有助于提高居民的社会信任水平，因此无论地区的人口流动性、外来人口占比和人口外流比重低于相应的拐点还是高于相应的拐点，都应该进一步减少人口空间流动的制度障碍，创造有利于人口自由流动的政策环境，这样有利于社会信任水平向好的方向发展，有助于促进经济发展、增加社会福利、促进社会融合。

二、更加重视人口外流过程中农村居民社会信任的变化

人口外流给我国农村地区居民的社会信任产生了更为显著的影响，而整个社会的稳定离不开农村的稳定，要更加重视当前人口外流过程中农村居民社会信任水平的变化，必要时给予政策干预，这对于维护农村地区乃至整个社会秩序的稳定具有重要现实意义。

三、加强社会治安管理，提升居民公共安全感

本书研究发现了在社会治安状况较好的地区，县内跨乡流动提升了流动者的社会信任水平，而在社会治安较差的地区，则是显著的阻碍作用。此外，社会治安的改善还有助于削弱"流动到农村"给流动者社会信任造成的负面作用。因此，加强社会治安管理，提升居民公共安全感，对提升这类流动人口的社会信任水平具有重要的促进作用。

四、提高公共服务水平，阻碍流动者社会信任水平的下降

在公共服务水平相对较高的地区，个体的流动会提升其社会信任水平；而在公共服务水平相对较低的地区，个体的流动会降低其社会信任水平。因此，政府可以通过改善公共服务的供给水平，有效阻碍个体在流动过程中社会信任水平的下降。

五、更加关注弱势群体的利益诉求，保障其基本权益

已有的研究表明，人口流动对文化程度相对较低、体制外就业等相对弱势群体的社会信任水平产生更为显著的影响，为了避免人口流动给他们社会信任产生较大的负面冲击，应该更加关注相对弱势群体的利益诉求，努力保障在人口流动进程中的基本权益。

六、缩小收入差距，重视分配公平

收入差距在一定程度上损害了居民的社会信任水平，那么在促进经济发展的同时，应重视初次分配和再次分配中的公平问题，努力缩小收入差距，弱化因收入差距导致的社会信任问题。

第三节　本书研究的不足之处和研究展望

一、本书研究的不足之处

本书主要研究了人口流动与社会信任的关系，具体从人口流动性和居民的社会信任、外来人口和流入地居民的社会信任、人口外流和流出地居民的社会信任、个体流动与流动者自身社会信任四个方面展开。回顾全书，本书的研究还存在以下不足：

第一，在使用的数据方面。限于中国综合社会调查（CGSS）2010年、2011年、2013年、2015年数据不能识别调查的样本是在哪个地级市，只能识别是哪个省或直辖市，为了使研究对象更具有代表性和针对性，本书主要使用的数据是CGSS2005，因为这一年的调查数据可以识别调查样本到地级市层面，不足之处是该年数据相对现在时间有些旧。为了弥补这一缺陷，本书使用了2015年中国社会状况综合调查（CSS2015）做了稳健性检验，支持了利用CGSS2005年分析得到的结论。虽然CSS数据也能够识别受访者个体到地级市层面上，但本书没有主要利用该数据进行分析的原因在于，该调查只有2013年和2015年的数据涉及社会信任的调查，间隔年限短，不便于做社会信任水平的变化分析，而CGSS2015调查设计了一个对CGSS2005"十年回顾"的模块，其中也包括了社会信任的十年回顾，这为我们分析2005—2015年社会信任在这十年的变化提供了有力的数据支撑。其他调查数据（比如CLDS数据、CFPS数据）均不具有这一优势，同时再结合地级市层面上外来人口占比数据的可获得性，综合考虑最终选择了主要利用CGSS2005年数据进行分析。

第二，在人口流动影响社会信任的微观机制方面。本书仅从公共资源争夺、文化差异、社会治安等方面进行了探讨，可能还存在本书没有分析到的其他影响机制。鉴于数据可得性，本书也仅对外来人口的部分影响机制作了检验，尚未对其他相关的机制进行实证检验，这些方面还需要下一步的研究。

第三，在人口外流比重的测算上。本书利用的是净人口流出与户籍人口之比，净人口流出是户籍人口和常住人口之差。这样的计算存在一定的缺陷，因为一个地区还存在人口流入的情况，所以一个地区实际的人口外流比重会高于测算的比重。但囿于现有公开的资料中没有直接表示一个地区人口外流的数据，因此本书利用这一指标作为人口外流比重的代理变量。

二、研究展望

本书研究认为，关于人口流动与社会信任问题的深入研究可以从理论机制、内容拓展等方面展开：

第一，在人口流动影响社会信任的影响机制方面，需要进一步挖掘可能存在的影响机制，并寻找相关数据对机制进行检验。

第二，在研究内容上，人口流动对社会信任的影响会不会因为流动人口来自农村或者来自城市的比例有所差异，同理，这一影响会不会因为流动人口中低文化程度或高文化程度比例的不同而有所差异。另外，这一影响是否存在时间变迁规律也有待未来下一步的研究。

参 考 文 献

[1] 埃里克·尤斯拉纳. 信任的道德基础 [M]. 张敦敏译. 北京：中国社会科学出版社，2006.

[2] 白极星，周京奎，佟亮. 人口流动、城市开放度与住房价格——基于 2005—2014 年 35 个大中城市面板数据经验研究 [J]. 经济问题探索，2016，(8)：19-27.

[3] 白先春，凌亢. 江苏外来人口集聚规模预测研究 [J]. 西北人口，2012，33 (5)：7-10.

[4] 才国伟，吴华强. 进取、公平与社会信任 [J]. 经济管理，2016，(1)：62-72.

[5] 蔡昉. 中国劳动力市场发育与就业变化 [J]. 经济研究，2007，(7)：4-14.

[6] 蔡昉，王美艳. 为什么劳动力流动没有缩小城乡收入差距 [J]. 经济学动态，2009，(8)：4-10.

[7] 蔡昉. 理解中国经济发展的过去、现在和将来——基于一个贯通的增长理论框架 [J]. 经济研究，2013，(11)：4-16.

[8] 蔡昉. 中国流动人口问题 [M]. 郑州：河南人民出版社，2000.

[9] 蔡起华，朱玉春. 社会信任、关系网络与农户参与农村公共产品供给 [J]. 中国农村经济，2015，(7)：57-69.

[10] 蔡蔚萍. 高等教育对社会信任的影响及其作用机制变迁 [J]. 湖北社会科学，2017，(2)：167-173.

[11] 柴国俊，王军辉. 征地、金融约束与劳动力流动 [J]. 人口研究，2017，41 (2)：57-70.

[12] 陈刚，李树，陈屹立. 人口流动对犯罪率的影响研究 [J]. 中国人口科学，2009，(4)：52-61.

[13] 陈刚. 流动人口进入对本地劳动力市场的影响 [J]. 经济学动态，2016，(12)：50-60.

[14] 陈捷，呼和·那日松，卢春龙. 社会信任与基层社区治理效应的因果机制 [J]. 社会，2011，31 (6)：22-40.

[15] 陈硕，章元. 治乱无需重典：转型期中国刑事政策效果分析 [J]. 经济学，2014，13 (3)：1461-1484.

[16] 陈叶烽，叶航，汪丁丁. 信任水平的测度及其对合作的影响——来自一组实验微观数据的证据 [J]. 管理世界，2010，(4)：54-64.

[17] 陈颐. 儒家文化、社会信任与普惠金融 [J]. 财贸经济，2017，38 (4)：5-20.

[18] 陈云松, 张翼. 城镇化的不平等效应与社会融合 [J]. 中国社会科学, 2015, (6): 78-95.

[19] 程建新, 刘军强, 王军. 人口流动、居住模式与地区间犯罪率差异 [J]. 社会学研究, 2016, (3): 218-241.

[20] 崔巍, 陈琨. 社会信任对经济增长的影响——基于经济收敛模型的视角 [J]. 经济与管理研究, 2016, 37 (8): 14-22.

[21] 丁维莉, 陆铭. 教育的公平与效率是鱼和熊掌吗—基础教育财政的一般均衡分析 [J]. 中国社会科学, 2005, (6): 47-57.

[22] 董理, 张启春. 我国地方政府公共支出规模对人口迁移的影响——基于动态空间面板模型的实证研究 [J]. 财贸经济, 2014, 35 (12): 40-50.

[23] 都阳, 蔡昉, 屈小博, 等. 延续中国奇迹: 从户籍制度改革中收获红利 [J]. 经济研究, 2014, (8): 4-13.

[24] 杜凤莲. 中国城乡劳动力流动对婚姻稳定性的影响 [J]. 经济社会体制比较, 2010, (5): 105-112.

[25] 段成荣, 杨舸, 张斐, 等. 改革开放以来我国流动人口变动的九大趋势 [J]. 人口研究, 2008, (6): 30-43.

[26] 段成荣, 杨舸. 我国流动人口的流入地分布变动趋势研究 [J]. 人口研究, 2009, 33 (6): 1-12.

[27] 段成荣, 袁艳, 郭静. 我国流动人口的最新状况 [J]. 西北人口, 2013, (6): 1-7.

[28] 段成荣, 孙玉晶. 我国流动人口统计口径的历史变动 [J]. 人口研究, 2006, 30 (4): 70-76.

[29] 段平忠, 刘传江. 人口流动对经济增长地区差距的影响 [J]. 中国软科学, 2005, (12): 99-110.

[30] 樊士德, 江克忠. 中国农村家庭劳动力流动的减贫效应研究——基于 CFPS 数据的微观证据 [J]. 中国人口科学, 2016, (5): 26-34.

[31] 樊士德, 姜德波. 劳动力流动与地区经济增长差距研究 [J]. 中国人口科学, 2011, (2): 27-38.

[32] 范剑勇, 莫家伟, 张吉鹏. 居住模式与中国城镇化——基于土地供给视角的经验研究 [J]. 中国社会科学, 2015, (4): 44-63.

[33] 方迎风, 张芬. 邻里效应作用下的人口流动与中国农村贫困动态 [J]. 中国人口·资源与环境, 2016, 26 (10): 137-143.

[34] 冯春阳. 信任、信心与居民消费支出——来自中国家庭追踪调查数据的证据 [J]. 现代财经-天津财经大学学报, 2017, (4): 76-90.

[35] 福山. 信任: 社会德行与繁荣创造 [M]. 李婉容译. 呼和浩特: 远方出版社, 1998: 20-45.

[36] 付文林. 人口流动、增量预算与地方公共品的拥挤效应 [J]. 中国经济问题, 2012, (1): 41-53.

[37] 甘行琼，刘大帅，胡朋飞．流动人口公共服务供给中的地方政府财政激励实证研究 [J]．财贸经济，2015，36（10）：87-101.

[38] 甘娜，胡朋飞．人口流动对政府间转移支付均等化效应的影响分析 [J]．审计与经济研究，2017，（3）：119-126.

[39] 高波，陈健，邹琳华．区域房价差异、劳动力流动与产业升级 [J]．经济研究，2012，（1）：66-79.

[40] 高波，王文莉，李祥．预期、收入差距与中国城市房价租金"剪刀差"之谜 [J]．经济研究，2013，（6）：100-112.

[41] 高虹，陆铭．社会信任对劳动力流动的影响——中国农村整合型社会资本的作用及其地区差异 [J]．中国农村经济，2010，（3）：12-24.

[42] 高梦滔．农村离婚率与外出就业：基于中国 2003—2009 年村庄面板数据的研究 [J]．世界经济，2011，（10）：55-69.

[43] 郭云南，姚洋．宗族网络与农村劳动力流动 [J]．管理世界，2013，（3）：69-81.

[44] 郭志刚．流动人口对当前生育水平的影响 [J]．人口研究，2010，34（1）：19-29.

[45] 侯慧丽．城市公共服务的供给差异及其对人口流动的影响 [J]．中国人口科学，2016，（1）：118-125.

[46] 黄健，邓燕华．高等教育与社会信任：基于中英调查数据的研究 [J]．中国社会科学，2012，（11）：98-111.

[47] 黄玖立，刘畅．方言与社会信任 [J]．财经研究，2017，43（7）：83-94.

[48] 黄淑瑶．从社会支持网角度看流动人口犯罪 [J]．北京社会科学，2007，（2）：60-64.

[49] 贾男，马俊龙．非携带式医保对农村劳动力流动的锁定效应研究 [J]．管理世界，2015，（9）：82-91.

[50] 劳昕，沈体雁，张远．人口回流 vs. 人口外流："空巢"城市群的发展新契机 [J]．经济社会体制比较，2017，（4）：10-20.

[51] 李宾，马九杰．劳动力流动对城乡收入差距的影响：基于生命周期视角 [J]．中国人口·资源与环境，2013，23（11）：102-107.

[52] 李彬，史宇鹏，刘彦兵．外部风险与社会信任：来自信任博弈实验的证据 [J]．世界经济，2015，（4）：146-168.

[53] 李国锋．劳动力流动对经济增长的贡献：基于北京市的测算 [J]．首都经济贸易大学学报，2009，11（3）：31-36.

[54] 李嘉楠，游伟翔，孙浦阳．外来人口是否促进了城市房价上涨？——基于中国城市数据的实证研究 [J]．南开经济研究，2017，（1）：58-76.

[55] 李若建．广东省乡镇人口外流状况及其对农村的影响分析 [J]．中国人口科学，2004，（6）：60-65.

[56] 李若建．外来人口分布与户籍制度改革探讨 [J]．人口与发展，2003，9（4）：11-18.

[57] 李实．中国农村劳动力流动与收入增长和分配［J］．中国社会科学，1999，（2）：16-33.

[58] 李涛．社会互动、信任与股市参与［J］．经济研究，2006，（1）：34-45.

[59] 李涛，黄纯纯，何兴强，等．什么影响了居民的社会信任水平？——来自广东省的经验证据［J］．经济研究，2008，（1）：137-152.

[60] 李拓，李斌．中国跨地区人口流动的影响因素——基于286个城市面板数据的空间计量检验［J］．中国人口科学，2015，（2）：73-83.

[61] 李一花，李静，张芳洁．公共品供给与城乡人口流动——基于285个城市的计量检验［J］．财贸研究，2017，（5）：55-66.

[62] 梁平汉，李佳珈．青春无悔？——知青经历对社会信任的长期影响［J］．世界经济文汇，2014，（2）：90-109.

[63] 梁琦，陈强远，王如玉．户籍改革、劳动力流动与城市层级体系优化［J］．中国社会科学，2013，（12）：36-59.

[64] 廖显浪．我国农村劳动力流动与城乡收入差距研究［J］．人口与经济，2012，（6）：46-52.

[65] 刘斌，李磊，莫骄．社会信任影响FDI的区位选择吗？［J］．财贸研究，2011，22（6）：97-106.

[66] 刘澈元，苏毓敏，徐晓伟．泛北部湾中国区域农村居民社会信任水平的影响因素探讨［J］．经济地理，2013，33（8）：26-30.

[67] 刘军岭．房价、住房产权条件与城镇居民社会信任［J］．现代财经-天津财经大学学报，2017，（2）：26-38.

[68] 刘明明．社会信任对公众主观幸福感的影响研究［J］．学习与实践，2016，（1）：87-97.

[69] 刘学军，赵耀辉．劳动力流动对城市劳动力市场的影响［J］．经济学（季刊），2009，8（1）：693-710.

[70] 刘毓芸，徐现祥，肖泽凯．劳动力跨方言流动的倒U型模式［J］．经济研究，2015，（10）：134-146.

[71] 陆铭，欧海军，陈斌开．理性还是泡沫：对城市化、移民和房价的经验研究［J］．世界经济，2014，（1）：30-54.

[72] 陆铭，张爽．劳动力流动对中国农村公共信任的影响［J］．世界经济文汇，2008，（4）：76-87.

[73] 陆铭．玻璃幕墙下的劳动力流动——制度约束、社会互动与滞后的城市化［J］．南方经济，2011，29（6）：23-37.

[74] 吕炜，郭曼曼，王伟同．教育机会公平与居民社会信任：城市教育代际流动的实证测度与微观证据［J］．中国工业经济，2020（2）：80-97.

[75] 吕炜，姬明曦，杨沫．人口流动能否影响社会信任——基于中国综合社会调查（CGSS）的经验研究［J］．经济学动态，2017，（12）：61-72.

[76] 马得勇．东亚地区社会资本研究［M］．天津：天津人民出版社，2009.

[77] 马克斯·韦伯．儒教与道教［M］．王蓉芬译．北京：商务印书馆，1995：289-296.

[78] 毛丰付，王建生．保障性住房能够促进人口流动吗？［J］．华东经济管理，2016，(11)：86-95.

[79] 苗红娜．政府质量评价与社会信任：基于一项全国样本的实证研究［J］．江苏社会科学，2014，(5)：105-112.

[80] 莫玮俏，史晋川．农村人口流动对离婚率的影响［J］．中国人口科学，2015，(5)：104-112.

[81] 莫玮俏，张伟明，朱中仕．人口流动的经济效应对生育率的影响——基于 CGSS 农村微观数据的研究［J］．浙江社会科学，2016，(1)：90-98.

[82] 年猛，王垚．行政等级与大城市拥挤之困——冲破户籍限制的城市人口增长［J］．财贸经济，2016，37 (11)：126-145.

[83] 牛建林．人口流动对中国城乡居民健康差异的影响［J］．中国社会科学，2013，(2)：46-63.

[84] 潘静，陈广汉．家庭决策、社会互动与劳动力流动［J］．经济评论，2014，(3)：40-50.

[85] 潘静，张学志．市场化、城镇化与社会信任——基于 WVS 中国数据的实证研究［J］．云南财经大学学报，2015，(6)：34-44.

[86] 彭代彦，闫静．社会信任感与生活满意度——基于世界价值观调查（WVS）中国部分数据的实证分析［J］．当代经济研究，2014 (6)：29-34.

[87] 彭国华．技术能力匹配、劳动力流动与中国地区差距［J］．经济研究，2015，(1)：99-110.

[88] 齐良书．发展经济学［M］．北京：高等教育出版社，2007.

[89] 齐秀琳，伍骏骞．身份异质性、差序格局与社会信任［J］．中南财经政法大学学报，2017，(2)：41-49.

[90] 乔晓春，黄衍华．中国跨省流动人口状况——基于"六普"数据的分析［J］．人口与发展，2013，19 (1)：13-28.

[91] 秦雪征，郑直．新农合对农村劳动力迁移的影响：基于全国性面板数据的分析［J］．中国农村经济，2011，(10)：52-63.

[92] 邱子邑，谢平，周方亮．人口流动对经济社会发展的影响——以湖北省咸宁市为例［J］．人口学刊，2004，(1)：47-52.

[93] 阮荣平，刘力，郑风田．人口流动对输出地人力资本影响研究［J］．中国人口科学，2011，(1)：83-91.

[94] 申广军，张川川．收入差距、社会分化与社会信任［J］．经济社会体制比较，2016，(1)：121-136.

[95] 盛来运．国外劳动力迁移理论的发展［J］．统计研究，2005，22 (8)：72-73.

[96] 史晋川，吴兴杰．流动人口、收入差距与犯罪［J］．山东大学学报（哲学社会科学

版），2010，（2）：1-15.

[97] 史宇鹏，李新荣．公共资源与社会信任：以义务教育为例 [J]．经济研究，2016，（5）：86-100.

[98] 宋涛，吴玉锋，陈婧．社会互动、信任与农民购买商业养老保险的意愿 [J]．华中科技大学学报（社会科学版），2012，26（1）：99-106.

[99] 孙三百，黄薇，洪俊杰．劳动力自由迁移为何如此重要？——基于代际收入流动的视角 [J]．经济研究，2012，（5）：147-159.

[100] 覃成林，刘佩婷．行政等级、公共服务与城市人口偏态分布 [J]．经济与管理研究，2016，37（11）：102-110.

[101] 谭江蓉，杨云彦．人口流动、老龄化对农村居民消费的影响 [J]．人口学刊，2012，（6）：9-15.

[102] 汪汇，陈钊，陆铭．户籍、社会分割与信任：来自上海的经验研究 [J]．世界经济，2009，（10）：81-96.

[103] 王格玮．地区间收入差距对农村劳动力迁移的影响——基于第五次全国人口普查数据的研究 [J]．经济学（季刊），2004，（3）：77-98.

[104] 王晖．信任的影响因素分析 [J]．经济研究导刊，2011，（24）：281-283.

[105] 王俊秀，杨宜音．中国社会心态研究报告（2012—2013）[R]．北京：社会科学文献出版社，2013.

[106] 王绍光，刘欣．信任的基础：一种理性的解释 [J]．社会学研究，2002，（3）：23-39.

[107] 王伟同，周佳音．互联网与社会信任：微观证据与影响机制 [J]．财贸经济，2019（10）：111-125.

[108] 王同益．外来人口、户籍制度与刑事犯罪 [J]．人口研究，2016，40（2）：63-74.

[109] 王小鲁，樊纲．中国地区差距：20年变化趋势和影响因素 [M]．北京：经济科学出版社，2004.

[110] 王宇，王士权．社会信任与农村劳动力代际职业流动 [J]．农业技术经济，2017，（11）：92-103.

[111] 吴忠民．转型经济下中国的城市失业及劳动力流动 [J]．经济学（季刊），2003，2（3）：857-874.

[112] 伍山林．农业劳动力流动对中国经济增长的贡献 [J]．经济研究，2016，（2）：97-110.

[113] 西奥多·W·舒尔茨．论人力资本投资 [M]．北京：北京经济学院出版社，1990.

[114] 夏怡然，陆铭．城市间的"孟母三迁"——公共服务影响劳动力流向的经验研究 [J]．管理世界，2015，（10）：78-90.

[115] 肖挺．环境质量是劳动人口流动的主导因素吗？——"逃离北上广"现象的一种解读 [J]．经济评论，2016，（2）：3-17.

[116] 谢治菊．村民的政府信任对社会信任的影响——来自贵州和江苏农村的调查 [J]．

探索，2012，（3）：76-83.

[117] 邢朝国，陆亮．交往的力量——北京市民与新生代农民工的主观社会距离 [J].
人口与经济，2015，（4）：52-59.

[118] 颜品，原新．外来劳动力挤占了本地居民的就业机会吗？[J]．财经研究，2017，
43（1）：51-62.

[119] 杨刚强，孟霞，孙元元，等．家庭决策、公共服务差异与劳动力转移 [J]．宏观
经济研究，2016，（6）：105-117.

[120] 杨菊华．中国流动人口的社会融入研究 [J]．中国社会科学，2015，（2）：61-79.

[121] 杨明，孟天广，方然．变迁社会中的社会信任：存量与变化——1990—2010 年
[J]．北京大学学报（哲学社会科学版），2011，（6）：100-109.

[122] 杨胜利，高向东．外来从业人口对流入地经济发展的影响研究——以上海市为例
[J]．经济体制改革，2012，（6）：66-69.

[123] 杨晓军．城市公共服务质量对人口流动的影响 [J]．中国人口科学，2017，（2）：
104-114.

[124] 杨义武，林万龙，张莉琴．地方公共品供给与人口迁移——来自地级及以上城市
的经验证据 [J]．中国人口科学，2017，（2）：93-103.

[125] 杨云彦，陈金永．转型劳动力市场的分层与竞争——结合武汉的实证分析 [J]．
中国社会科学，2000，（5）：28-38.

[126] 杨云彦，徐映梅，向书坚．就业替代与劳动力流动：一个新的分析框架 [J]．经
济研究，2003，（8）：70-75.

[127] 杨云彦．改革开放以来中国人口"非正式迁移"的状况——基于普查资料的分析
[J]．中国社会科学，1996，（6）：59-73.

[128] 姚枝仲，周素芳．劳动力流动与地区差距 [J]．世界经济，2003，（4）：35-44.

[129] 袁正，李伦一．不确定性、司法信心与信任 [J]．经济评论，2017，（2）：17-32.

[130] 袁正，夏波．信任与幸福：基于 WVS 的中国微观数据 [J]．中国经济问题，2012，
（6）：65-74.

[131] 张冲，王学义．人口流动、城镇化与四川离婚率的上升 [J]．天府新论，2017，
（1）：119-127.

[132] 张莉，何晶，马润泓．房价如何影响劳动力流动？[J]．经济研究，2017，（8）：
155-170.

[133] 张培刚，张建华．发展经济学 [M]．北京：北京大学出版社，2009.

[134] 张维迎，柯荣住．信任及其解释：来自中国的跨省调查分析 [J]．经济研究，
2002，（10）：59-70+96.

[135] 张义博，刘文忻．人口流动、财政支出结构与城乡收入差距 [J]．中国农村经济，
2012，（1）：16-30.

[136] 赵曼，程翔宇．劳动力外流对农村家庭贫困的影响研究——基于湖北省四大片区
的调查 [J]．中国人口科学，2016，（3）：104-113.

[137] 赵晓航，李建新．当代青年的互联网使用与社会信任——基于 CGSS2013 数据的实证研究 [J]．青年研究，2017，(1)：19-27.

[138] 钟笑寒．劳动力流动与工资差异 [J]．中国社会科学，2006，(1)：34-46.

[139] 周广肃，李沙浪．消费不平等会引发社会信任危机吗？[J]．浙江社会科学，2016，(7)：11-21.

[140] 周广肃，谢绚丽，李力行．信任对家庭创业决策的影响及机制探讨 [J]．管理世界，2015，(12)：121-129.

[141] 周密，张广胜，黄利，等．外来劳动力挤占了本地市民的收入吗？——基于城市规模视角 [J]．上海财经大学学报，2014，16 (1)：96-105.

[142] 朱晨，岳园园．工作让人们更信任社会——就业质量视角下的社会信任感研究 [J]．云南财经大学学报，2017，33 (5)：107-117.

[143] 朱虹．转型时期社会信任的状况与特征——一项实证研究 [J]．贵州社会科学，2011，(10)：118-123.

[144] 朱慧劼，姚兆余．社会信任对城市居民健康状况的影响 [J]．城市问题，2015，(9)：94-98.

[145] 宗晓华．财政分权、人口外流与地方政府义务教育投资的实证检验 [J]．统计与决策，2010，(15)：86-88.

[146] 张航空．人口流动对中国不同省份人口老龄化的影响 [J]．人口学刊，2015，37 (1)：95-107.

[147] 翟学伟．从社会流动看中国信任结构的变迁 [J]．探索与争鸣，2019 (6)：20-23.

[148] 邹宇春．中国城镇居民的社会资本与信任 [M]．北京：社会科学文献出版社，2015.

[149] 邹育根．当前中国地方政府信任危机事件的型态类别、形成机理与治理思路 [J]．中国行政管理，2010，(4)：68-72.

[150] Adams Jr R H. International remittances and the household: Analysis and review of global evidence [J]. *Journal of African Economies*, 2006, 15 (suppl_ 2): 396-425.

[151] Akbari A H, Aydede Y. Effects of immigration on house prices in Canada [J]. *Applied Economics*, 2012, 44 (13): 1645-1658.

[152] Alesina A, La Ferrara E. Who trusts others? [J]. *Journal of Public Economics*, 2002, 85 (2): 207-234.

[153] Algan Y, Cahuc P. Inherited trust and growth [J]. *American Economic Review*, 2010, 100 (5): 2060-2092.

[154] Almond G A, Verba S. The civic culture: Political attitudes and democracy in five nations [M]. Princeton: Princeton University Press, 1963.

[155] Alonso-Borrego C, Garoupa N, Vázquez P. Does immigration cause crime? Evidence from Spain [J]. *American Law and Economics Review*, 2012, 14 (1): 165-191.

[156] Arrow K J. Limited Knowledge and Economic Analysis [J]. *American Economic Review*,

1974, 64 (1): 1-10.

[157] Basten C C, Siegenthaler M. Do immigrants take or create residents' jobs? Quasi-experimental evidence from Switzerland. KOF working paper No. 335, 2013.

[158] Bell B, Fasani F, Machin S. Crime and immigration: Evidence from large immigrant waves [J]. *Review of Economics and Statistics*, 2013, 21 (3): 1278-1290.

[159] Bërxulli D. Trust and Its Relation to Migration in Kosovo [J]. *Psychological Research*, 2016, 19 (1): 17-22.

[160] Beugelsdijk S, De Groot H L F, Van Schaik A B T M. Trust and economic growth: a robustness analysis [J]. *Oxford Economic Papers*, 2004, 56 (1): 118-134.

[161] Bianchi M, Buonanno P, Pinotti P. Do immigrants cause crime? [J] . *Journal of the European Economic Association*, 2012, 10 (6): 1318-1347.

[162] Bjørnskov C. Determinants of generalized trust: A cross-country comparison [J]. *Public Choice*, 2007, 130 (1): 1-21.

[163] Bjørnskov C. The happy few: Cross-country evidence on social capital and life satisfaction [J]. *Kyklos*, 2003, 56 (1): 3-16.

[164] Bogue D. J. Internal Migration [A]. P Hauser, O D Duncan, eds. The Study of Population [M] . Chicago: University of Chicago Press, 1959: 486-509.

[165] Booth J A, Richard P B. Civil society and political context in Central America [J]. American Behavioral Scientist, 1998, 42 (1): 33-46.

[166] Borjas G J, Grogger J, Hanson G H. Immigration and the Economic Status of African-American Men [J]. *Economica*, 2010, 77 (306): 255-282.

[167] Bove V, Elia L. Migration, diversity and economic growth [J]. *World Development*, 2017, 89: 227-239.

[168] Bratsberg B, Raaum O. Immigration and wages: Evidence from construction [J]. *The Economic Journal*, 2012, 122 (565): 1177-1205.

[169] Brehm J, Rahn W. Individual-level evidence for the causes and consequences of social capital [J]. *American Journal of Political Science*, 1997: 999-1023.

[170] Coleman J S. Foundations of Social Theory Cambrigde [M]. MA: Harvard, 1990.

[171] Delhey J, Newton K. Who trusts? The origins of social trust in seven societies [J]. *European Societies*, 2003, 5 (2): 93-137.

[172] Dinesen P T, Sønderskov K M. Trust in a time of increasing diversity: On the relationship between ethnic heterogeneity and social trust in Denmark from 1979 until today [J]. *Scandinavian Political Studies*, 2012, 35 (4): 273-294.

[173] Dinesen P T. Where you come from or where you live? Examining the cultural and institutional explanation of generalized trust using migration as a natural experiment [J]. *European Sociological Review*, 2011, 29 (1): 114-128.

[174] Doney P M, Cannon J P. An examination of the nature of trust in buyer-seller

relationships [J]. *The Journal of Marketing*, 1997: 35-51.

[175] Dudwick N. From farm to firm: Rural-urban transition in developing countries [M]. Washington: World Bank publications, 2011.

[176] Durlauf S N, Fafchamps M. Social Capital. The Centre for the Study of African Economies [J]. Berkeley Electronic Press, 2004 (214): 89.

[177] Fischer A, Degen K. Immigration and Swiss House Prices [J]. *Swiss Journal of Economics and Statistics (SJES)*, 2017, 153 (1): 15-36.

[178] Frank R, Wildsmith E. The grass widows of Mexico: Migration and union dissolution in a binational context [J]. *Social Forces*, 2005, 83 (3): 919-947.

[179] Fukuyama F. Trust: The social virtues and the creation of prosperity [M]. Free Press Paperbacks, 1995.

[180] Granovetter, M. Economic action and social structure: The Problem of Embeddedness [J]. *American Journal of Sociology*, 1985, 91 (3): 481-510.

[181] Guinnane T W. Trust: a concept too many [J]. *Jahrbuch für Wirtschaftsgeschichte/ Economic History Yearbook*, 2005, 46 (1): 77-92.

[182] Guiso L, Sapienza P, Zingales L. People's opium? Religion and economic attitudes [J]. *Journal of Monetary Economics*, 2003, 50 (1): 225-282.

[183] Gupta S, Pattillo C A, Wagh S. Effect of remittances on poverty and financial development in Sub-Saharan Africa [J]. *World Development*, 2009, 37 (1): 104-115.

[184] Helliwell J F. How's life? Combining individual and national variables to explain subjective well-being [J]. *Economic Modelling*, 2003, 20 (2): 331-360.

[185] Hirsch F. Social limits to growth [M]. Harvard University Press, 1976: 78- 79.

[186] Hosmer L T. Trust: the connecting link between organizational theory and philosophical theory [J]. *Academy of Management Review*, 1995, 20 (2): 379-403.

[187] Inglehart R. The Silent revolution: Changing values and political styles among western publics [M]. Princeton: Princeton University Press, 1977.

[188] Inglehart R. Trust, well-being and democracy [J]. Democracy and trust, 1999: 88.

[189] IUSSP. Multilingual Demographic Dictionary [M]. Belgium: Ordina, 1982.

[190] Jorgenson D W. The development of a dual economy [J]. *The Economic Journal*, 1961, 71 (282): 309-334.

[191] Knack S, Keefer P. Does social capital have an economic payoff? A cross-country investigation [J]. *The Quarterly Journal of Economics*, 1997, 112 (4): 1251-1288.

[192] Kuroki M. Does social trust increase individual happiness in Japan? [J]. *The Japanese Economic Review*, 2011, 62 (4): 444-459.

[193] Lederman D, Loayza N, Menendez A M. Violent crime: does social capital matter? [J]. *Economic Development and Cultural Change*, 2002, 50 (3): 509-539.

[194] Lee E S. A theory of migration [J]. *Demography*, 1966, 3 (1): 47-57.

[195] Levi M. A state of trust [J]. *Trust and Governance*, 1998, 1: 77-101.

[196] Lewis W A. Economic development with unlimited supplies of labour [J]. *The Manchester School*, 1954, 22 (2): 139-191.

[197] Lopez Martin C S. International migration and tourism: determinants of generalized trust in developing countries [D]. Nijmegen: Radboud University, 2017.

[198] Luo, Jar-Der. Particularistic Trust and General Trust: A Network Analysis in Chinese Organizations [J]. *Management & Organization Review*, 2005, 1 (3): 437-458.

[199] Madrian B C. Employment-based health insurance and job mobility: Is there evidence of job-lock? [J]. *The Quarterly Journal of Economics*, 1994, 109 (1): 27-54.

[200] Moehling C, Piehl A M. Immigration, crime, and incarceration in early twentieth-century America [J]. *Demography*, 2009, 46 (4): 739-763.

[201] Mohiyeddini C, Pauli R, Bauer S. The role of emotion in bridging the intention-behaviour gap: The case of sports participation [J]. Psychology of Sport and Exercise, 2009, 10 (2): 226-234.

[202] Nannestad P, Svendsen G T, Dinesen P T, et al. Do institutions or culture determine the level of social trust? The natural experiment of migration from non-western to western countries [J]. *Journal of Ethnic and Migration Studies*, 2014, 40 (4): 544-565.

[203] Newton, Kenneth. Social capital and democracy in modern Europe, in Jan van Deth, Marco Maraffi, Ken Newton and Paul Whiteley (eds.) *Social Capital and European Democracy*, London: Routledge, 1999: 3-24.

[204] Nguyen C V, Van den Berg M, Lensink R. The impact of work and non-work migration on household welfare, poverty and inequality [J] . *Economics of Transition*, 2011, 19 (4): 771-799.

[205] Nunziata L. Immigration and crime: evidence from victimization data [J]. *Journal of Population Economics*, 2015, 28 (3): 697-736.

[206] Orren, Gary. Fall from grace: the public's loss of faith in government, in Joseph S. Nye, Philip D. Zelikow and David C. King (eds.) Why Americans Mistrust Government. Cambridge, Mass. : Harvard University Press, 1997.

[207] Park C M. Assessing Three Theories of Generalized Trust: Evidence from East Asia [C]. APSA Annual Meeting Paper, 2012.

[208] Park C U, Subramanian S V. Voluntary Association Membership and Social Cleavages: A Micro-Macro Link in Generalized Trust [J]. *Social Forces*, 2012, 90 (4): 1183-1205.

[209] Patterson, Orlando. Liberty against the democratic state: on the historical and contemporary sources of American distrust, in Mark E. Warren (ed.) Democracy and Trust, Cambridge: Cambridge University Press, 1999.

[210] Paxton P. Social capital and democracy: An interdependent relationship [J]. *American sociological review*, 2002: 254-277.

[211] Pessoa, L. On the relationship between emotion and cognition [J]. *Nature Reviews Neuroscience*, 2008, 9 (2): 148-158.

[212] Putnam R D, Leonardi R, Nanetti R Y. Making democracy work: Civic traditions in modern Italy [M]. Princeton: Princeton university press, 1994.

[213] Putnam, Robert. *Bowling Alone: The Collapse and Revival of American Community* [M]. New York: Simon and Schuster, 2000.

[214] Ranis G, Fei J C H. A theory of economic development [J]. *The American Economic Review*, 1961: 533-565.

[215] Ravenstein E G. The laws of migration [J]. *Journal of the statistical society of London*, 1885, 48 (2): 167-235.

[216] Romiti A. Immigrants-natives complementarities in production: evidence from Italy [R]. Turin: Center for Research on Pensions and Welfare Policies, 2011.

[217] Rose R. How much does social capital add to individual health? [J]. *Social science & medicine*, 2000, 51 (9): 1421-1435.

[218] Rothstein B, Stolle D. The state and social capital: An institutional theory of generalized trust [J]. *Comparative politics*, 2008, 40 (4): 441-459.

[219] Rothstein B. The quality of government: corruption, social trust and inequality in International perspective [M]. Chicago: University of Chicago Press, 2011.

[220] Saiz A. Immigration and housing rents in American cities [J]. *Journal of Urban Economics*, 2007, 61 (2): 345-371.

[221] Saiz A. Room in the kitchen for the melting pot: Immigration and rental prices [J] . *The Review of Economics and Statistics*, 2003, 85 (3): 502-521.

[222] Shilpi F, Sangraula P, Li Y. Voting with their feet? access to infrastructure and migration in Nepal [J]. *Policy Research Working Paper*, 2014, 52 (15): 598-617.

[223] Simmel G. The Philosophy of Money [M]. New York: Routledge, 1982.

[224] Smith T W. Factors relating to misanthropy in contemporary American society [J]. *Social Science Research*, 1997, 26 (2): 170-196.

[225] Spenkuch J L. Understanding the impact of immigration on crime [J]. *American law and economics review*, 2013, 16 (1): 177-219.

[226] Stark O, Bloom D E. The new economics of labor migration [J]. *The American Economic review*, 1985, 75 (2): 173-178.

[227] Stark O, Levhari D. On migration and risk in LDCs [J]. *Economic Development and Cultural Change*, 1982, 31 (1): 191-196.

[228] Stark O, Taylor J E. Migration incentives, migration types: The role of relative deprivation [J]. *The Economic Journal*, 1991, 101 (408): 1163-1178.

[229] Steinhardt M F. The wage impact of immigration in germany-new evidence for skill groups and occupations [J]. *The BE Journal of Economic Analysis & Policy*, 2011, 11 (1).

［230］ Stets J E, Burke P J. Identity Theory and Social Identity Theory ［J］. *Social Psychology Quarterly*, 2000, 63 （3）: 224-237.

［231］ Stolle D, Soroka S, Johnston R. When does diversity erode trust? Neighborhood diversity, interpersonal trust and the mediating effect of social interactions ［J］. *Political Studies*, 2008, 56 （1）: 57-75.

［232］ Tiebout C M. A pure theory of local expenditures ［J］. *Journal of Political Economy*, 1956, 64 （5）: 416-424.

［233］ Tao R, Yang D L, Li M, et al. How does political trust affect social trust? An analysis of survey data from rural China using an instrumental variables approach ［J］. *International Political Science Review*, 2014, 35 （2）: 237-253.

［234］ Todaro M P. A model of labor migration and urban unemployment in less developed countries ［J］. *The American Economic Review*, 1969, 59 （1）: 138-148.

［235］ Tokuda Y, Fujii S, Inoguchi T. Individual and country-level effects of social trust on happiness: The Asia barometer survey ［J］. *Journal of Applied Social Psychology*, 2010, 40 （10）: 2574-2593.

［236］ Uslaner E M, Brown M. Inequality, trust, and civic engagement ［J］. *American Politics Research*, 2005, 33 （6）: 868-894.

［237］ Uslaner, E M. Democracy and social capital, in Mark Warren （ed.） *Democracy and Trust*, Cambridge: Cambridge University Press, 1999: 121-50.

［238］ Uslaner E M. The moral foundations of trust ［M］. Cambridge: Cambridge University Press, 2002.

［239］ Uslaner E M. Where you stand depends upon where your grandparents sat: The inheritability of generalized trust ［J］. *The Public Opinion Quarterly*, 2008, 72 （4）: 725-740.

［240］ Wang Z, Zhang F, Wu F. Social trust between rural migrants and urban locals in China- Exploring the effects of residential diversity and neighbourhood deprivation ［J］. *Population, Space and Place*, 2017, 23 （1）.

［241］ Watkins A, Ferrara E L. Ethnic diversity and economic performance ［J］. *Journal of Economic Literature*, 2005, 43 （3）: 762-800.

［242］ Whiteley, Paul F. The origins of social capital, in Jan van Deth, Marco Maraffi, Ken Newton and Paul Whiteley （eds.）, Social Capital and European Democracy, London: Routledge, 1999: 25-44.

［243］ Wu C. Does Migration Affect Trust? Internal Migration and the Stability of Trust amongAmericans ［J］. *Sociological Quarterly*, 2020 （4）: 1-21.

［244］ Zak P J, Knack S. Trust andGrowth ［J］. *The Economic Journal*, 2001, 111 （470）: 295-321.

后　记

　　人口长期均衡发展是关系中华民族发展的大事情。在当前我国老龄化、低生育、人口流动加快的背景下，人口问题成为全社会关注的焦点。人口流动是人口研究的经典问题，本书从社会信任的视角探讨人口流动对我国社会产生的影响。本问题的研究得到了我的导师杨云彦教授的悉心指导，也得到了其他多位老师的有益建议，在此深表感谢。同时感谢我校中南财经政法大学出版基金的资助，感谢武汉大学出版社工作团队在本书出版过程中的辛苦工作。

朱明宝

2021 年 7 月